百习而见商学院系列
瓮春春 主编

HR员工培训技能实操全案

中小企业HR如何搭建人才培养体系

瓮春春 龙鹏 ◎ 著

Staff Training Skills Practical Solution

中国法制出版社
CHINA LEGAL PUBLISHING HOUSE

前言

人力资源管理的起源逻辑

人力资源管理的核心，是通过各种对人的研究和实践，充分发挥人的价值，为组织服务，创造组织需要的价值。因此人力资源的核心，从底层逻辑上讲，是研究人心、人性、需求和欲望。

整个人类社会的发展，实际上就是人心、人性、需求和欲望的发展。

商业的本质是等价交换，是由不同时期，不同场合，不同境况下，不同的人基于不同的价值观、思维模式、行为习惯，而延伸出的不同需求和欲望之间的交换。

没有需求，就没有交换；没有交换，就没有商业。

比如，智能机的普及，实际上仅仅是在时代大背景下，由于物质文明的发展而使得人产生的一种新的精神需求。

因此，整个人类的发展，人力资源的核心逻辑，实际都是基于马斯洛需求延伸出的，核心逻辑就是研究人和有效运用人，为组织和个人需求、欲望服务。

人类发展的不同阶段，延伸出一系列的物质和精神需求，为了更好地满足需求，产生了三类不同的解决方案。

一、纯物质的解决方案

如：解决饥饿需求的食物，解决寒冷需求的衣服等。

二、纯精神的解决方案

如：解决技能需求的授课，解决无聊需求的聊天等。

三、物质＋精神的解决方案

如：解决面子需求的婚宴（美食＋荣誉），解决空虚需求的游戏（平台＋机制）等。

随着需求越来越多样化，资源和分工也越来越多样化，为了更好地协同和充分运用好"人"这种资源，因此产生了专门研究"人"这种资源的学科——人力资源管理。

实际上，人力资源管理仅仅是管理学的一种。管理学会对人、事、资源等进行合理有效的计划、组织、协调、控制、监督、实施、改进。人力资源管理，主要是对"人"这种资源的合理有效的计划、组织、协调、控制、监督、实施、改进。

万变不离其宗，因此，人力资源管理本质上是一门研究和有效运用人心、人性、需求、欲望为主体的管理学科。脱离了管理，甚至把人力资源管理凌驾于整个管理学之上的做法，实属本末倒置，以偏概全。

显而易见，人是管理的核心资源，却不是全部资源。学过逻辑学的人应该明白，人力资源管理隶属于管理学的关键部分，与管理学是从属关系，一部分又如何能凌驾甚至替代整体呢？这是很荒诞的逻辑，这也是为何许多科班出身的人力资源从业者，真实人力水平还不如运营部门负责人的水平高，因为他们的眼睛只盯着"人"，而忽略了与人相关的其他资源之间的协同关系，久而久之，片面地拔高和割裂了人力资源，导致思维陷入固化的陷阱，同时又缺乏对人性的深度洞悉，喜欢停留在研究方法论和操作工具层面，丢失了人力资源管理的根本之道。

根据此逻辑可以得出，真正的管理学大师，一定是人力资源管理大师。但是传统的人力资源管理大师可能只是管理学高手，不一定是管理学大师。

| 前 言 |

人力资源水平的划分逻辑

一直以来人力资源管理的等级段位没有一个很明确的划分，今天笔者就基于对上百万名HR的接触观察，根据任职资格标准的基本逻辑，从以下几个维度进行评估划分出HR的学徒6级和高手9段。

维度一：工作内容

人力资源从业者在组织内部承担的职责越多、越高，水平要求就越高。

负责战略的HR决策者和负责管理的HR管理者，以及负责执行的HR实施者，水平要求各不一样。

维度二：管理幅度

人都是独一无二的，组织内的人数越多，人心、人性、需求、欲望就越多，人力资源管理的工作量和复杂度，在不同人的四类要素排列组合下，呈几何倍速增长，同样的工作内容，对人力资源管理水平要求也就越来越高。

10000人的企业和500人的企业，同样都是HRM，由于涉及的人员数量不同，导致问题数量也不同，对HR人员的能力要求明显不同。

维度三：管理难度

除了数量，组织的目标要求越高（经营指标），人员分类越复杂，同样事情下，人力资源管理的难度就越来越大，对人力资源管理水平要求也就越来越高。

年营收千亿元的公司和年营收十亿元的公司，对HR人员的能力要求明显不同。而人员类别单一的公司和人员类别复杂的公司，对HR人员的能力要求明显又不同。

维度四：管理业绩

组织在不同时期，不同难度，不同幅度，不同内容下，人力资源管理者承担的职责难度也不同，而在这些情况下，把人力资源工作做出同样的业绩，对能力的要求也是不一样的。

招聘同样的岗位/数量，在资源匮乏的公司完成，和在资源充足的公司完成，对HR人员的能力要求明显不同。在初创期的公司完成，和在成熟期的公司完成，对HR人员的能力要求又不同。

维度五：体系高度

一套体系包含四个核心要素：

道： 大道至简，有一套能解释领域内所有现象的底层逻辑规律。

法： 有一套根据底层逻辑规律延伸出来的，适合所有现象问题解决的指导型方法论。

术： 有一系列根据指导型方法论延伸出来的，适合问题解决的操作技巧。

器： 有一系列承载操作技巧的标准化的操作工具模型。

做同样的事情，不同的认知高度，思维模式，行为习惯下呈现出的方式不同，凸显出HR人员的水平也不一样。复制他人工具执行完成的，和思考创立自己工具执行完成的HR人员的水平明显不同。而创立操作工具的和创立方法论的，HR人员的水平又明显不同。

目 录 CONTENTS

第一章 培训体系规划的操作思路
- 004 第1节 培训学习的根本逻辑
- 006 第2节 三位一体的规划培训体系
- 011 第3节 两手准备精选培训项目
- 016 第4节 点线面体"长出"培训体系
- 018 第5节 各阶段的代表性项目

第二章 培训需求提炼的核心方法
- 026 第1节 培训需求的三个方向
- 028 第2节 培训需求的计算公式
- 029 第3节 "伪"培训需求的六类来源
- 032 第4节 培训不是万能的
- 033 第5节 四种方法识别问题
- 036 第6节 四大工具发掘原因
- 038 第7节 两类需求的精准描述
- 041 第8节 四个维度锁定目标

第三章 内训师建设的实操技巧
- 054 第1节 三个条件挑选讲师
- 059 第2节 两个维度甄选学员

063 | 第 3 节　四个要素敲定管理者

第四章　学习素材开发的操作思路

070 | 第 1 节　常见的四种课程

072 | 第 2 节　学习素材开发过程中常见的五类问题

075 | 第 3 节　四类课程所对应的上课形式

081 | 第 4 节　课纲设计的四大要素

083 | 第 5 节　课纲开发需要符合的五个特性

086 | 第 6 节　课程开发的四大步骤

088 | 第 7 节　课程资料包含的六大部分

第五章　培训评估方式设计的操作细则

096 | 第 1 节　四类评估设计的目的

098 | 第 2 节　三个要素设计反应评估

101 | 第 3 节　两个要素设计学习评估

103 | 第 4 节　四个维度设计行为评估

106 | 第 5 节　两个思路设计效果评估

第六章　学习激励机制的设计思路

122 | 第 1 节　激励设置的核心宗旨

123 | 第 2 节　激励设置的注意事项

125 | 第 3 节　激励设置须满足三个特性

127 | 第 4 节　激励设置的四种方式

129 | 第 5 节　反应评估阶段的激励设置

132 | 第 6 节　学习评估阶段的激励设置

135 | 第 7 节　行为评估阶段的激励设置

| 目 录 |

138 | 第 8 节　效果评估阶段的激励设置

第七章　培训计划制订的操作步骤

148 | 第 1 节　培训计划的四个步骤
149 | 第 2 节　确定立项的五个步骤
154 | 第 3 节　编制计划的三种方式
161 | 第 4 节　评审计划的三个原则
163 | 第 5 节　正式发行的两个原则

第八章　培训过程实施的落地方法

176 | 第 1 节　培训前的通知准备
179 | 第 2 节　培训中的组织管控
182 | 第 3 节　培训后的跟踪辅导

第九章　培训落地跟踪的实施细则

188 | 第 1 节　两个维度确保行为跟进
197 | 第 2 节　两个要素完成效果追踪
201 | 第 3 节　一张表格呈现培训价值

第十章　提炼培训标准的实操步骤

208 | 第 1 节　培训标准输出流程
209 | 第 2 节　四个要素整理培训资料
214 | 第 3 节　五个环节梳理培训流程
216 | 第 4 节　四个维度总结培训得失
219 | 第 5 节　四个步骤输出培训标准
224 | 第 6 节　六个原则生成培训体系

230	附录1：人力资源学徒六级和高手九段划分表
233	附录2：人力资源——培训与开发技能评鉴表
234	附录3：TWI培训讲师手册
241	附录4：培训系列三大方案全资料

| 242 | 后　记 |

第一章

培训体系规划的操作思路

培训预算低怎么办？缺乏内训师怎么办？业务部门不配合怎么办？老板要求急、时间紧怎么办？培训需求多、忙不过来怎么办？培训需求提炼不出来怎么办？公司培训基础差怎么办？培训效果评估难怎么办？培训价值难以衡量怎么办？

别着急，看看一个零基础培训专员如何在一年半的时间内搭建起并落地了整个公司的人才培养体系，保障公司在一年半内从700人的工厂成长为5000人的集团公司，并支撑公司顺利在主板上市。

第 1 节
培训学习的根本逻辑

图 1-1 培训学习的根本逻辑

一、学习方向和学习内容

以终为始，只有明确企业组织培训学习的目的，才能明确学习方向和学习内容。

二、谁要学和跟谁学

任何事都是人做的，选错了学习对象和学习老师，一切都是无用功。

三、怎么学

培训学习不是听听课、看看书那么简单,也不是做做拓展、打打"鸡血"那么轻松,更不是找一堆"名师"堆砌课程那么随意。设计合理的培训学习方式,对于达成学习目的至关重要。

四、学了之后怎么用

模型再多、工具再全、知识再丰富,归根结底,企业要的是解决实际问题。一切不以解决企业当下或者未来问题为导向的学习都是"耍流氓"。

五、用了之后效果怎么样

培训不是布置完任务就完成了四级评估,完成得怎么样、问题解决得怎么样才是"王道"。

六、有了效果怎么标准化

说起体系,到底什么是体系?能够把以往的成功操作方式固化成经验、形成标准传承下去、持续地产出价值,便是体系。

培训体系"从0到1"的关键核心在于:体系不是一上来就搭个框架、大张旗鼓地全面开动、凭空打造的。而是踏踏实实、根据企业实际需要,靠做好每个阶段的每个培训项目,一个点一个点"长"起来的。

第 2 节

三位一体的规划培训体系

了解培训学习的根本逻辑后,应该如何规划培训体系?

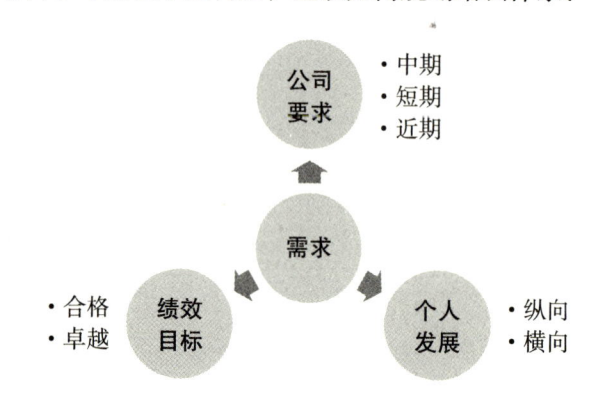

图 1-2　三位一体的规划培训体系

一、公司发展规划

明确公司的中期(5 年)、短期(3 年)、近期(1 年)战略规划。

所谓战略规划,对于 HR 来讲,只需要明确大致的销售和利润目标,以及产品和人员规划即可。战略规划不一定是很"高大上"的内容,企业决策者心中一定要有目标,哪怕只是个模糊的目标。

二、个人业绩展示

基于企业发展每个阶段的战略规划，明确企业在不同发展阶段对各层级、各岗位人员的绩效要求。这个过程便是绩效目标分解的过程。

三、个人发展目标

基于公司对各阶段、各岗位人员的绩效目标要求，明确公司对所有人员每个阶段的能力要求，这是 HR 的基本功之一。倘若不会，便需要学习。

能力要求通常包含两种，一种是纵向要求，即升职的能力要求。比如：HR 纵向岗位就是助理、专员、主管、经理、总监、VP。另一种是横向要求，即换岗的能力要求。

整体来说，从这三个方面去进行规划和布局，同时结合公司发展要求、个人要求以及绩效目标要求，输出了公司的职等职级分布图以及职业通道的规划。

表 1-1 是笔者当初基于公司战略规划，结合公司实际，制订出的一份得到决策层认可的基本职等、职级分布表。

表1-1 基本职等、职级分布表

职等	职级	职称 综合类	职称 技术类	职称 专业类	基本条件 综合类职称	基本条件 技术类职称	基本条件 专业类职称
一等	一级	员工级			在职时间1年以上且年度绩效B以上的员工	试用期员工	
一等	二级	员工级				转正后员工	
一等	三级	员工级			在职时间1年以上且年度绩效B以上的员工		
一等	四级	员工级			在职时间2年以上且年度绩效B以上的员工		
一等	五级	员工级			在职时间3年以上且年度绩效B以上的员工		
一等	六级	员工级			在职时间5年以上且年度绩效B以上的员工		
二等	一级	专员助理	培技	工程师助理	具备专员助理级的能力要求	具备培技级的能力要求	具备工程师助理级的能力要求
二等	二级	专员助理	培技	工程师助理	任该岗位半年以上且年度绩效B以上的员工	任该岗位半年以上且年度绩效B以上的员工	任该岗位半年以上且年度绩效B以上的员工
二等	三级	专员助理	培技	工程师助理	任该岗位1年以上且年度绩效B以上的员工	任该岗位1年以上且年度绩效B以上的员工	任该岗位1年以上且年度绩效B以上的员工
三等	一级	助理专员	技术员	助理工程师	具备助理专员级的能力要求	具备技术员级的能力要求	具备助理工程师级的能力要求
三等	二级	助理专员	技术员	助理工程师	任该岗位半年以上且年度绩效B以上的员工	任该岗位半年以上且年度绩效B以上的员工	任该岗位半年以上且年度绩效B以上的员工
三等	三级	助理专员	技术员	助理工程师	任该岗位1年以上且年度绩效B以上的员工	任该岗位1年以上且年度绩效B以上的员工	任该岗位1年以上且年度绩效B以上的员工

续表

职等	职称			基本条件		
职级	综合类	技术类	专业类	综合类职称	技术类职称	专业类职称
四等一级				任该岗位 1 年以上且年度绩效 A 以上的员工	任该岗位 1 年以上且年度绩效 A 以上的员工	任该岗位 1 年以上且年度绩效 A 以上的员工
四等二级				任该岗位 2 年以上且年度绩效 B 以上的员工	任该岗位 2 年以上且年度绩效 B 以上的员工	任该岗位 2 年以上且年度绩效 B 以上的员工
四等三级				任该岗位 3 年以上且年度绩效 B 以上的员工	任该岗位 3 年以上且年度绩效 B 以上的员工	任该岗位 3 年以上且年度绩效 B 以上的员工
五等一级				具备专员级的能力要求	具备技师级的能力要求	具备工程师级的能力要求
五等二级				任该岗位 1 年以上且年度绩效 A 以上的员工	任该岗位 1 年以上且年度绩效 A 以上的员工	任该岗位 1 年以上且年度绩效 A 以上的员工
五等三级				任该岗位 2 年以上且年度绩效 B 以上的员工	任该岗位 2 年以上且年度绩效 B 以上的员工	任该岗位 2 年以上且年度绩效 B 以上的员工
六等一级	专员	技师	工程师	任该岗位 2 年以上且年度绩效 A 以上的员工	任该岗位 2 年以上且年度绩效 A 以上的员工	任该岗位 2 年以上且年度绩效 A 以上的员工
六等二级				任该岗位 3 年以上且年度绩效 B 以上的员工	任该岗位 3 年以上且年度绩效 B 以上的员工	任该岗位 3 年以上且年度绩效 B 以上的员工
六等三级				任该岗位 4 年以上且年度绩效 B 以上的员工	任该岗位 4 年以上且年度绩效 B 以上的员工	任该岗位 4 年以上且年度绩效 B 以上的员工

续表

职等	职称			基本条件		
职级	综合类	技术类	专业类	综合类职称	技术类职称	专业类职称
七等一级	高级专员	高级技师	高级工程师	具备高级专员级的能力要求	具备高级技师级的能力要求	具备高级工程师级的能力要求
七等二级	高级专员	高级技师	高级工程师	任该岗位2年以上且年度绩效B以上的员工	任该岗位2年以上且年度绩效B以上的员工	任该岗位2年以上且年度绩效B以上的员工
七等三级	高级专员	高级技师	高级工程师	任该岗位3年以上且年度绩效B以上的员工	任该岗位3年以上且年度绩效B以上的员工	任该岗位3年以上且年度绩效B以上的员工
八等一级	资深专员	资深技师	资深工程师	具备资深专员级的能力要求	具备资深技师级的能力要求	具备资深工程师级的能力要求
八等二级	资深专员	资深技师	资深工程师	任该岗位2年以上且年度绩效A以上的员工	任该岗位2年以上且年度绩效A以上的员工	任该岗位2年以上且年度绩效A以上的员工
八等三级	资深专员	资深技师	资深工程师	任该岗位5年以上且年度绩效A以上的员工	任该岗位5年以上且年度绩效A以上的员工	任该岗位5年以上且年度绩效A以上的员工

第 3 节

两手准备精选培训项目

一、现状盘点

通过公司要求、绩效目标、个人发展梳理出培训的大框架后,要对公司和培训管理者本人进行盘点。

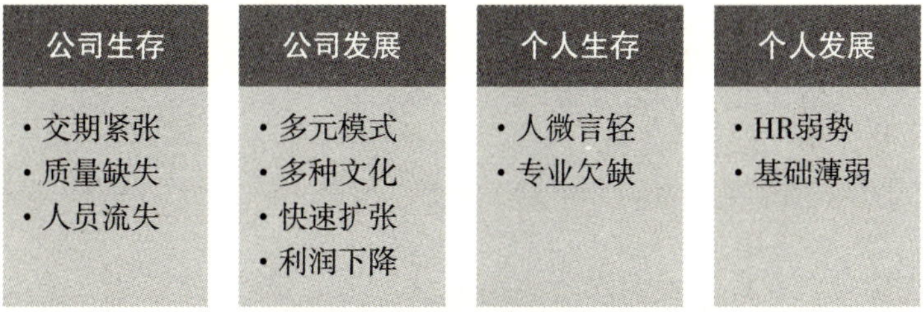

公司生存	公司发展	个人生存	个人发展
·交期紧张 ·质量缺失 ·人员流失	·多元模式 ·多种文化 ·快速扩张 ·利润下降	·人微言轻 ·专业欠缺	·HR弱势 ·基础薄弱

图1-3　公司现状盘点(例)

1. 公司生存和发展的痛点

培训项目解决的问题首先是公司生存面临的痛点问题,其次才是公司发展面临的痛点问题。以图1-3为例,该培训专员所在公司当时面临的生存和发展问题如下。

(1)生存问题

交期紧张:公司越来越无法有效满足客户对产品交期的要求,客户抱怨不断。

质量缺失：公司越来越无法有效满足客户对产品质量的要求，退换货频繁，导致交期更紧张。

人员流失：交期的紧张和质量的缺失加剧了人员流失，同时人员的过度不稳定又加剧了交期和质量的问题，恶性循环模式已经开启，并在持续恶化中。

（2）发展问题

多元模式：企业已经发展了10年，现面临瓶颈期，为了3年后的上市，公司已经采取行业范围内细分领域的多元经营模式。

多种文化：由于短期的快速发展，公司在人才引进方面"饥不择食"，五种不同文化类型的员工在企业内部共处，带来了极强的部门文化冲突。

快速扩张：行业的特性和上市的战略要求使企业不得不加速扩张。这个行业的特点之一就是靠规模占领市场，并打击竞争对手。

利润下降：原材料和人工等成本上涨，市场竞争逐渐白热化，边际成本呈现逐渐上升趋势。因此在一定周期内，公司必然要面临利润下滑的不利局面。

2. 个人生存和发展的需求

培训项目还得解决 HR 个人在企业生存和发展中的问题，否则做事的人都"阵亡"了，还谈什么做事？该培训专员当时面临的个人生存和发展问题如下。

（1）生存问题

人微言轻：当时仅入职3个月，刚过试用期，且是以绩效专员的身份临时接手培训工作。

专业欠缺：半路转行 HR，连六大模块都是刚刚背熟，更不要谈培训的专业技能了。

（2）当时个人面临的发展问题

HR 弱势：当时整个公司 HR 部门的地位低下，主要从事事务性工作，主要决定权均在业务部门。

基础薄弱：当时整个公司 HR 的工作基础薄弱，培训工作仅停留在新员工入职的简单制度培训层面，其他培训偶尔开展，形同虚设；在培训资源方面（如内部讲师、外部合作机构、课程体系、培训流程等）几乎没有任何积累。

二、如何切入培训工作

企业经营管理的根源在于人，因为一切工作和事情均要由人去策划和执行。培训工作想要真正开展落实，其根源不在于靠 HR 或者培训管理者本人的力量，更多需要依托业务部门各级管理者的力量。

一切的根源在于"人"，一切的培训在于管理者

基层无利	执行粗暴	嫉贤妒能
中层无益	管理欠缺	利益瓜分
高层无力	领导乏力	各自为政

图1-4　企业经营管理的根源

要想从管理者破局，就需要综合考虑当时各级管理者的思想现状。当时该培训专员所在公司内部各级管理者的现状如下。

1. 高层

领导乏力：5 位高管背景不一、思维不一，但是在面临困境时，中层管理者经常带领基层管理者集体性地不执行高层的想法，许多中基层管理者阳奉阴违，但高层一时无能为力。

各自为政：每位高层都有各自的"嫡系部队"，都想按照自己的想法实施，无法真正统一思想，导致企业决策经常调整。

2. 中层

管理欠缺：各路"大神"空降而至，"受命于危难之间"，功成名就后，与企业现有中层共同PK；整体格局不足、领导力欠缺，导致下属管理问题逐渐暴露，与公司利益冲突激化，但又各自为政，"尾大不掉"。

利益瓜分：由于许多中层在企业发展中立下过汗马功劳，且看到上升无望，便开始追求个人利益的最大化，将个人"地盘"经营得固若金汤，"外人"很难涉足。

3. 基层

执行粗暴：由于中层的"专治"，基层管理者长期遭受中层的"施压"，无法有效发泄，便将压力全部变本加厉地转嫁到普通员工身上。

嫉贤妒能：中层管理者形成固守私利的部门文化，基层管理者上行下效，喜欢采用不正当竞争手段去排除异己。

三、培训规划方针

基于以上分析，得出整体培训规划的作战方针。

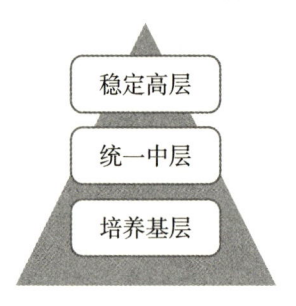

图1-5 培训规划方针

1. 稳定高层

决策层整体基本面尚可，无论如何，由于和公司的整体利益绑定，使得大家在公司发展的整体方向上尚能保持一致。因此，对这部分人需要适当调节不必要的分歧,"稳定帅心"。

2. 统一中层

管理层各自为政,已经严重制约并逐渐开始拖累公司的生存和发展,且短期内无法引入外人打破僵局。在没有改变之时,"空降兵"将"水土不服",全部"阵亡"。因此必须逐渐收复权限、统一思想。

3. 培养基层

基层干部是执行力的真正保障,要想统一中层,就必须培养与公司利益保持一致的基层干部。否则,中层稍有动荡,便会严重损害公司的整体利益。

如果管理层的问题不解决,所有的培训项目都会遇到重重阻力,陷入泥潭、无法推行。

为了稳定高层、统一中层,就要先从培养基层的项目开始,"曲线救国"。一方面,风险小、难度低,基层相对成长较快;另一方面,也可以有效建立自己的基层团队。

第 4 节

点线面体"长出"培训体系

当找到了切入的培训项目,如何一步步形成体系?

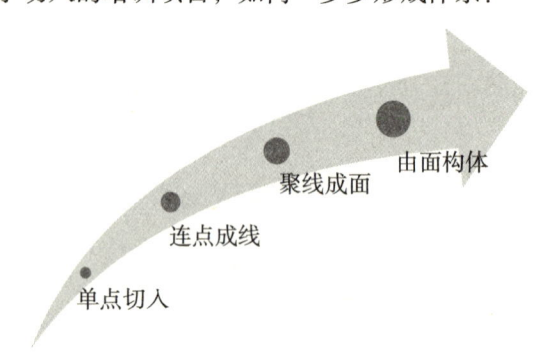

由面构体
聚线成面
连点成线
单点切入

图1-6 培训体系的形成

第一步:单点切入

先选择一个项目点作为切入点。根据确定的培养基层干部这条线,结合公司现场基层干部管理方式粗暴导致员工流失率居高不下,已经严重影响交期、质量的现实,优先选择现场基层干部的管理能力培养作为突破点。

第二步:连点成线

将一个项目点做好后,再开始将项目点连成项目线。现场基层干部管理能力提升项目真正落实后,就可以开始推行所有基层干部的管理能力提升。

第三步：聚线成面

项目线获得成功后，则要开始将其横向延伸成项目面。当所有基层干部的管理能力提升获得落实后，就可以横向开展基层专业人员和技术人员的能力提升。

第四步：由面构体

项目面推行成功后，就可以开始纵向推进、构成全面的项目体系。当基层的管理类、专业类、技术类能力培养项目均获得落实后，就可以开始进行中高层的管理类、专业类、技术类能力培养的全面推行，最终搭建起整个公司的培训体系。

第 5 节

各阶段的代表性项目

一、各阶段代表项目

试水摸底　布局切入　横向推动　纵深推动　全面贯彻

"员工发展小组"　"TWI项目"　"班组长项目" "精益生产项目" "华为游学项目"
　　　　　　　　　　　　　　"大学生项目"

图1-7　各阶段代表项目

第一阶段：试水摸底

该阶段类似于产品开发的 EVT 阶段（试样阶段），而在此之前的筹划阶段类似于产品开发的 DVT 阶段（设计阶段）。

为了有效控制全面推进培训项目时会碰到的诸多异常，并让问题提前暴露出来，推行项目不可贸然行事。

不公开试水摸底的好处是，如果成功，可以在事后作为 HR 部门的业绩公开，并在以后的培训项目中复制；如果失败，也可以将损失控制在最小，并且由于并未全面公开，并不影响 HR 部门在其他部门眼中的形象。

为了开展"员工发展小组"项目，HR 专员在各事业部精挑细选了一批真正愿意成长的员工和基层干部作为"火种"来培养，具体操作内容在后续的章节会详细讲解。

第二阶段：布局切入

该阶段类似于产品开发的 PVT 阶段（试产阶段）。因为已经有了"员工发展小组"项目的成功经验，借着公司的发展势头，可以逐渐全面推行基层干部培养项目，为 HR 部门在各部门成功培养自己的核心执行层骨干。此阶段的代表性培训项目为"TWI 项目"。

第三阶段：横向推动

该阶段类似于产品开发的 MP 阶段（量产阶段）。此时，整个公司的基层干部培养体系已经成功搭建，HR 已经培养出公司大部分的基层干部，为基层专业类和技术类人才的能力培训储备了大量的、高度配合的内部讲师团队，可以顺利推行基层专业技术类的培训，包括 QC、技术员、助理和管培生的培养等。

许多企业做管培生项目失败的原因在于公司内部的管理干部根本不配合 HR 部门。鉴于此，HR 要先"掌控"实际带兵的干部们，才能真正推动管培生项目。

此阶段的代表性项目为"班组长项目"（为中层干部做储备）和"大学生项目"（为工程师培养做储备）。

第四阶段：纵深推动

该阶段类似于产品生产的 2.0 版本迭代阶段。此时，公司的基层全员培养体系已经顺利搭建、落地，且已经为中层的管理类和专业技术类人才进行了充分的梯队储备。因此，可以开始真正推行中层干部和中层专业类人才的培养。此阶段的代表性项目为中层干部的"精益生产项目"。

第五阶段：全面贯彻

该阶段类似于产品生产的 3.0 版本迭代阶段（彻底成熟阶段）。此时，公司的基层全员培养体系、中层干部及专业类培养体系都已落地实施。此时，公司才可全面推行全员培训体系。此阶段的代表性项目为高层干部的"华为游学项目"。

二、不同层级的培训内容

在整个培训体系搭建过程中,根据不同的层级,培训的内容大致可以如下分配:

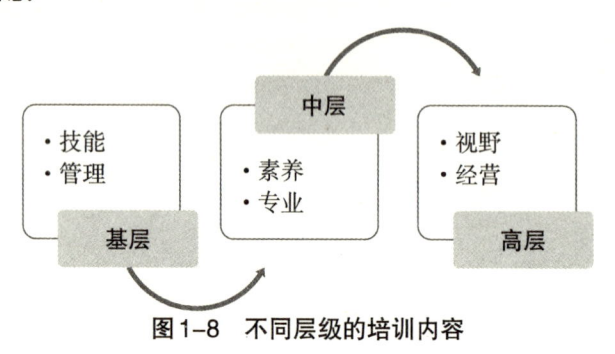

图1-8 不同层级的培训内容

1. 基层

基层干部,主要是培养管理技能;
基层员工,主要是培养操作技能。

2. 中层

中层干部,主要是培养综合素养,包括自我管理、领导力等;
中层员工,主要是培养专业能力,包括综合专业、创新力等。

3. 高层

高层主要是开拓视野、提升格局、提高经营能力。

综上所述，要规划好培训体系需要注意以下几点：

1. 明确培训学习的根本逻辑，确定学习内容、谁学、和谁学、怎么学、学了如何使用、用了效果如何、有了效果怎么标准化。

2. 培训体系不是一次搭建起来的，而是一个培训点一个培训点，逐渐"长"起来的。

3. 从公司要求、绩效目标、个人发展三个维度搭建公司的培训大框架。

4. 选择培训项目切入点时，要先盘点公司和个人现状，再进行选择。

5. 培训体系的建立，是从点到线、再到面，最后构建成体系。

第二章

培训需求提炼的核心方法

第二章 培训需求提炼的核心方法

当确定好了公司培训的切入项目,真正开始组织培训时,你可能会发现到场的员工很少、员工不愿意参加、认为培训没用、浪费时间。

你可能还会发现,培训做了很多,但是对于解决工作中的问题没有产生一点儿效果;培训工作逐渐流于形式,成为鸡肋。而这些,很可能就是因为没有做好培训需求调查,不知道培训的终点是什么。本章将讲述培训需求提炼的方法,让你精准提炼培训需求。

第1节

培训需求的三个方向

上一章提到,需求不是凭空产生的,企业培训内容的产生也是有依据的,它主要源自三个方面。

- 公司规划方向确保员工提升有平台
- 个人发展目标确保员工提升有方向
- 个人业绩展现确保员工能力有衡量

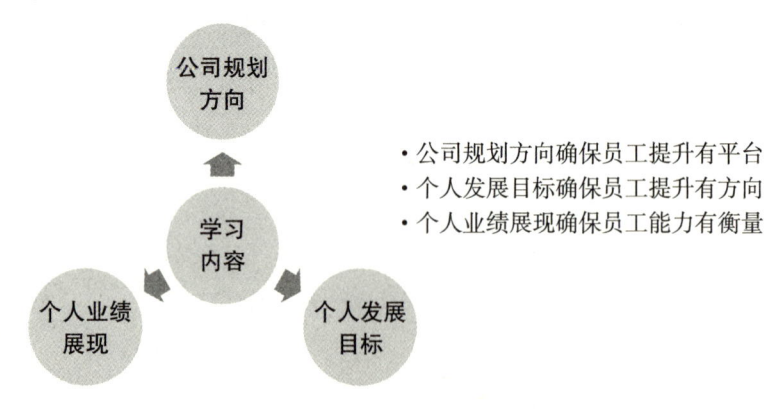

图2-1 企业培训内容的依据

一、公司规划方向

企业根据长、中、短期战略目标和战略规划分解制订出组织架构,并得出各组织下分工实际和对各级人员能力的要求,这就产生了第一类培训需求。简言之,该类需求满足的是公司当下和未来的能力需要,而公司规划的方向也确保了员工在组织内部有提升的操作平台。

二、个人发展目标

个人根据自己的职业规划和成长规律，在企业内部寻找自己各阶段的职业目标，这就产生了第二类培训需求。简言之，该类需求满足的是个人当下和未来的能力需要。人都是优先考虑自己的利益的，个人发展目标也确保了员工在组织内部有个人提升的明确方向。

三、个人业绩展现

回归企业生存和发展的基本需要，除去能力要求，企业最终要的是组织内各成员的业绩达成，这就产生了第三类培训需求。简言之，该类需求满足的是组织对个人业绩结果的要求。能力不是企业最终想要的，企业最终想要的还是业绩，因此，个人业绩展现确保了员工能力有客观衡量的标准。

第 2 节

培训需求的计算公式

培训需求就是需要弥补的差距和需要解决的问题。

公司　　　绩效　　　培训
个人　　　技能　　　需求

标准 － 现状 ＝ 差距

图2-2　培训需求计算公式

问题＝未达到预期目标的差距

差距＝标准（预期目标）－现状

从上述培训需求方向和计算公式可以得知，培训需求来源于三类标准：

- 公司规划方向产生的能力要求标准和现状之间的差距。
- 个人发展目标产生的能力要求标准和现状之间的差距。
- 个人绩效目标产生的业绩要求标准和现状之间的差距。

第 3 节

"伪"培训需求的六类来源

图 2-3 "伪"培训需求的六类来源

一、个人臆测

即完全不考虑被培训部门的实际情况,想当然地给出培训计划。最典型的就是,许多培训管理者依据自己的认知,觉得销售人员都应该"巧舌如簧",所以一刀切地给销售人员制订演讲口才的培训计划,殊不知销售人员需要的是有效的沟通谈判和成单技巧。如果缺乏发掘用户需求的能力,不能换位思考,而是一味地推销自己的产品,不管多么口若悬河,也根本无法打动客户,实现成交。

这类伪需求产生的根源在于培训管理者本人不愿意实际调查需求,

更多地凭借自己并不健全的认知，去给别人提出培训需求，却不知自己错得有多么离谱。

二、粘贴复制

即把培训工作当成一项任务，为了完成任务、敷衍了事，直接将以往的培训计划粘贴复制。不同时期、不同部门、不同人员的培训需求是完全不同的，而有些培训管理者却不对其加以识别，导致无效需求产生。

这类伪需求产生的根源在于培训管理者本人的工作态度，可以说是对工作不负责任。

三、经验主义

即过于依赖过往的成功经验，完全采用或者基本套用以往的培训需求，犯了和第二类来源同样的错误。

这类伪需求产生的根源在于培训管理者本人固化的经验主义思维，没有用发展的眼光去看问题。

四、现象主义

即发现一个问题解决一个问题，而不去分析深层原因，陷入"头痛医头，脚痛医脚"的怪圈，最后发现培训做了许多，可是问题依然还在，且经常会发现问题是无解的，得不出培训需求。

例：HR发现员工不按照操作规程操作导致工伤，也不去分析根本原因，就得出"需要组织全员安全操作规程和安全意识培训"的结论，但是类似的培训早已进行过很多次，工伤依然屡屡发生。

其根本原因可能不是简单的安全操作规程和意识的问题，可能是该规程本身就存在不合理的地方，也可能是公司其他制度导致员工不得不去钻漏洞，因此可能是制度本身就存在问题，而不是简单的培训需求。

这类伪需求产生的根源在于培训管理者似乎觉得培训是万能的，并且不喜欢对问题进行深度分析，或者想分析，却缺乏相应的问题分析能力，导致其无法找到问题的根本原因，最终导致需求无效。

五、绝对听从

即无论是领导提出的需求，还是业务部门提出的需求，培训管理者全部言听计从，根本不去分辨真伪、分析需求是否科学。

这类伪需求产生的根源在于培训管理者害怕权威，出于自保，不愿意认真分析研究需求的有效性和合理性，导致需求无效。

六、以偏概全

即发现个案问题后扩大影响和放大事态，但没有真正对问题进行详细的调查了解，仅仅凭借个别人的反馈，或者老板提出的某句话、某个现象，就提出一系列"轰轰烈烈"的培训需求。

这类伪需求产生的根源在于培训管理者害怕权威，出于自保（高层要求），或者对工作缺乏专业"死磕"的精神，或者自身也是这种以偏概全、放大问题的思维模式，最终表现为不愿意针对具体问题客观分析，导致需求无效。

第 4 节

培训不是万能的

问题主要分为四大类。

该不该：因为组织分工、权责划分、流程设置导致的问题。人员是否该做好某项工作？

知不知：因为信息不通畅、不明确导致的问题。人员是否知道要做好某项工作？

想不想：因为工作态度导致的问题。人员是否真的想做好某项工作？

会不会：因为工作技能导致的问题。人员是否具备能力做好某项工作？

通常来讲，培训能解决的问题主要是"知不知"和"会不会"的问题，即让培训对象知道某个信息、让培训对象提升某能力。

"该不该"的问题是由组织架构和流程改善解决的，而"想不想"的问题是由激励机制改善和解决的。因此，培训不是万能的。

第 5 节

四种方法识别问题

到底该如何精准识别问题，并顺利得出精准培训需求、提炼出合理的培训内容呢？

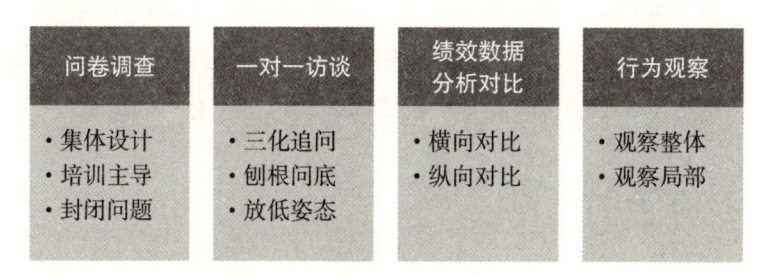

问卷调查	一对一访谈	绩效数据分析对比	行为观察
·集体设计 ·培训主导 ·封闭问题	·三化追问 ·刨根问底 ·放低姿态	·横向对比 ·纵向对比	·观察整体 ·观察局部

图2-4 识别问题的四种方法

一、问卷调查法

这是最常用、看起来最好用，但也是最难用好的一种方法，不推荐使用。需要注意的是，若采用问卷调查，要注意以下三点。

1. 集体设计：问卷的内容应由业务部门里熟悉业务的人和培训管理者一起设计，这样才能确保内容不是培训管理者闭门造车，确实贴合实际。

2. 培训主导：问卷格式的完整性和内容框架思路的合理性要由培训管理者主导把握，这样才能确保培训问卷的专业性符合培训管理的要求，而不是业务部门随意发挥的。

3. 封闭问题：问卷中尽可能多采用相对全面和有效的封闭式问题，减少开放式问题，避免填写问卷的人无从下手。

二、一对一访谈法

需要注意的是，若采用一对一访谈，要注意以下三点。

1. 三化追问：对于需求调查，一定要做到描述的量化、细化和明确化，切忌含糊其词、数据信息不齐全，否则根本无法做到具体问题具体分析，更无法精准识别培训需求。

2. 刨根问底：对于需求调查，一定要对发现的问题追根究底，挖掘深层次原因，方可得出真实培训需求。

3. 放低姿态：做培训需求访谈，许多时候要占用别人的工作时间，尽管这是培训管理者的工作需要，但是别人内心深处并不觉得一定要认真配合，因此放低姿态有利于打破冷场，获取真实有效的信息。

三、绩效数据分析对比法

此方法要求操作者有一定的分析能力，可以结合绩效结果和过程中的数据对比分析，找出问题。

1. 横向对比：同一时期，不同对象之间的绩效对比。

2. 纵向对比：同一批对象，不同时期的绩效对比。

四、行为观察法

此方法要求操作者有一定的分析总结能力，可以结合人员的日常行为分析对比找出问题。

1. 观察整体：从整体行为中寻找共性问题。

2. 观察局部：从局部行为中寻找个性问题。

接上一章的案例，该培训专员采用了上述后三种方法，在公司内部发现的问题主要如下：

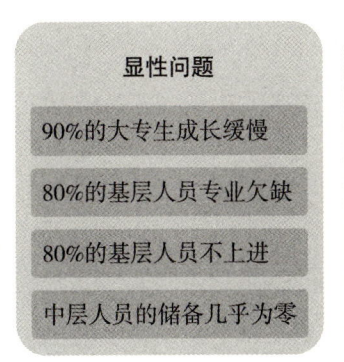

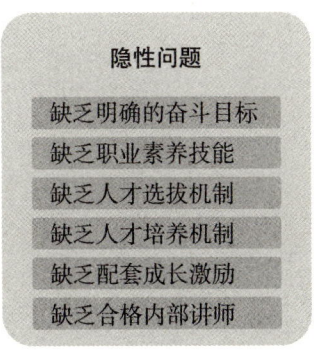

显性问题	隐性问题
90%的大专生成长缓慢	缺乏明确的奋斗目标
80%的基层人员专业欠缺	缺乏职业素养技能
80%的基层人员不上进	缺乏人才选拔机制
中层人员的储备几乎为零	缺乏人才培养机制
	缺乏配套成长激励
	缺乏合格内部讲师

图2-5　公司人员存在的显、隐性问题

表面收集到的问题主要是人才成长速度和人才产出效果的问题，但稍加分析即可发现是职业规划、人才培养、人才选拔、人才激励、内部讲师的问题。

第6节

四大工具发掘原因

一、原因分析工具

发现问题的最终目的是解决问题,要想通过培训更好地解决问题,首先要对问题进行原因的深度分析。下面是四种分析工具,既可单独使用,也可组合使用。

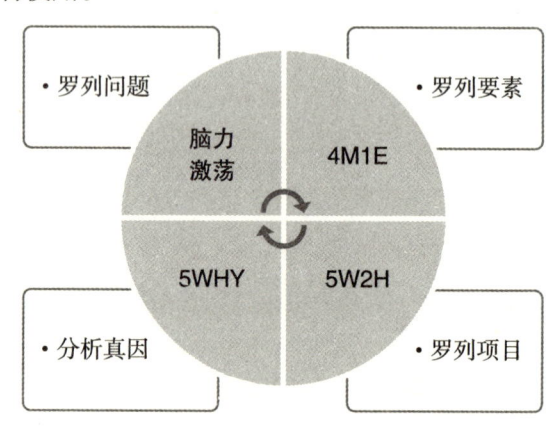

图2-6 分析原因的四大工具

1. 4M1E 分析法

对于任何问题,从人、机、料、法、环的五个要素进行罗列分析,都可以确保分析的全面性,比较常用的延伸工具是鱼骨图。

这里不提倡思维导图分析，因为思维导图更适合做一个分类整理的工具，是对已有要素进行合理区分和记录整理，工具本身并不能提供分析的思路方向。简言之，思维导图本身并不能给你带来真正的思考方向。

2. 5W2H 罗列法

对于任何问题，从何时、何地、何人、何因、何事、何方法、何程度七个项目进行罗列分析，都可以确保分析的细致性。

3. 5WHY 剖析法

对于任何问题，根据问题产生的表层原因，针对原因本身再继续发问，层层发掘，找到问题的深层次真实原因，就可以确保分析的深度。

4. 脑力激荡法

对于任何问题，都可以借由头脑风暴的方式，先不去评断原因（次级问题）的正确性，尽可能地发散思维，获取可能产生的原因，这可以确保分析的广度。

二、得出原因

采用深层次原因分析整合，从人和能力的角度，可以得出前章案例中培训专员所在公司问题的三类原因。

一是未选拔出真实适合培养的好员工，之前的培训都是眉毛胡子一把抓，忽略了人本身的意愿。

二是未选拔出真正适合培养的好老师，之前的内训师都是走马换将、指派任务，忽略了人本身的意愿和能力。

三是未明确公司未来规划和对人员未来职业目标的具体要求，之前的培训只教专业知识和专业技能，导致员工本身并不明白为什么要学习，学习了有什么好处、有什么坏处，因此意愿不足。

第 7 节

两类需求的精准描述

培训需求可以分为两类,一类是硬指标需求,另一类是软指标需求,具体如下:

业务运营类(硬)
- 具体指标的描述
- 明确化
- 量化

素养文化类(软)
- 行为现象的描述
- 明确化
- 细化

图2-7 两类培训需求

一、业务运营类培训需求

·具体指标的描述

解决业务运营指标差距,如收入、成本、利润、达成率、效率、质量等。

·明确化

描述时,要明确指出具体项目,如"解决研发部门×月人力成本差距"的问题。

·量化

数据化描述差距,如解决"在×月将人力成本降低5%"的问题。

二、素养文化类培训需求

·行为现象的描述

价值认知和思维模式下的具体行为现象展示，如解决部门之间互相推诿的问题。

·明确化

对行为项目进行明确描述，如解决"项目部门和客服部门之间在会议上就客户投诉问题相互推诿"的问题。

·细化

对行为项目进行细节描述，如解决"最近几个月，共召开客诉会议5次，项目部门和客服部门之间在会议上就客户投诉问题相互推诿4次"的问题。

案例智库

采用培训需求描述的两类方式，得出公司当时对"员工发展小组"项目的培训需求如下。

业务运营类：员工发展小组成员中的管理者，每人培养出一名合格的下属。

素养文化类：员工发展小组成员能够按照职业规划的目标和标准自发学习。

硬指标：每位管理者组员，必须在学习结束后培养出1名合格的下属，由HR部门评估。

软指标：每位组员在学习期间和结束后能够根据个人"职业规划表"的目标和计划自发学习，由HR部门负责跟踪评估。

为达成上述两个精准需求，输出培训内容如下。

表 2-1　职业素养的提升

NO.	课程名称	课程内容
1	公司介绍	公司发展史、企业文化、公司的激励体制、公司未来发展前景
	职业生涯规划	社会环境、就业危机、人生定位、职业生涯规划、短期目标、中期目标、长期目标
2	励志	观影《阿甘正传》《喜剧之王》《当幸福来敲门》《狂奔蚂蚁》《浮城大亨》
3	细节决定成败	做事的步骤和手法
4	质量意识	质量意识行为规范
5	QCC	QCC 改善
6	有效沟通	沟通的方式和技巧
7	时间管理	时间管理原则和技巧
8	案例分析	各种改善（公司现实存在问题，含工艺、能耗、良率、管理制度、沟通等各方面）

意识形态类：公司介绍、职业生涯规划、励志电影、质量意识，明确方向，激发学员的学习欲望，实现授人以"欲"。

技能素养类：细节决定成败、QCC改善技能、时间管理，培养学员的通用素养技能，使其掌握方法，实现授人以"渔"。

实战操作类：将各方法与公司实际工作的案例结合，实施、改进，培养学员的实践能力，使其产生业绩，实现授人以"鱼"。

第 8 节

四个维度锁定目标

提炼出培训精准需求和培训内容之后，就可以对培训目标进行精准的描述了，可以主要从以下几个维度描述。

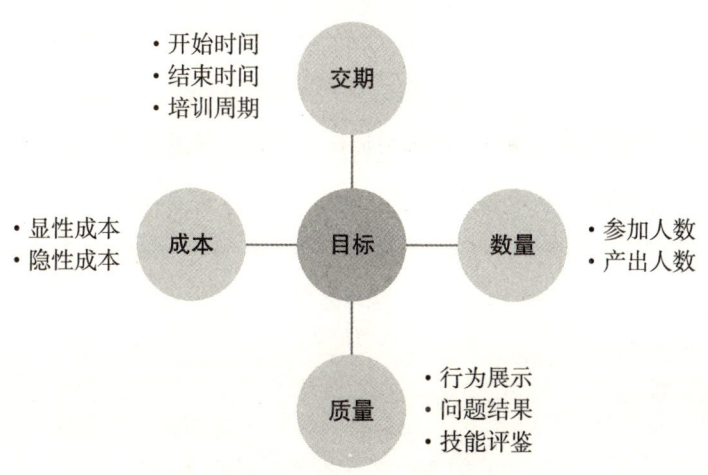

图 2-8　描述培训目标的四个维度

一、交期要求

开始时间：明确培训开始时间点。

结束时间：明确培训结束时间点。

培训周期：整个培训过程中用于直接培训的时间。

二、数量要求

参加人数：实际参加培训的人员总数。

产出人数：计划按照培训目标达标产出的人员总数。

三、质量要求

行为展示：培训前的预定日常行为现象标准。

问题结果：培训前的预定问题解决效果目标。

技能评鉴：培训前的预定技能评鉴分数目标。

四、成本要求

显性成本：直接用于培训投入的经济花费。

隐性成本：间接用于培训投入的经济花费。

熟悉绩效考核的 HR 会发现，这里对培训目标的衡量完全采用了绩效考核的衡量方式，设定的四类指标也完全符合绩效管理的常用指标。

笔者曾经看到有篇文章说，培训部门的绩效考核其实很容易，如果培训目标够明确，只要关注培训目标的达成状况，就可以轻松衡量培训绩效，而清晰的目标设定也便于培训效果最终评估的数据采集。

案例智库

根据培训需求的精准描述，制订公司"员工发展小组"项目的培训目标如下。

表 2-2 员工发展小组培训目标

NO.	项目		内容
1	交期	开始时间	20×× 年 × 月
		结束时间	20×× 年 × 月
		培训周期	27h

续表

NO.	项目		内容
2	数量	参加人员	第一批13名成员
		产出人员	第一批产出9名合格成员
3	质量	行为展示	能自动自发按照一年期职业规划目标和标准去具体实施，并通过学习考核评估
		问题结果	解决目前工作中存在的KPI未达标项目，确保KPI达标；同时职位晋升一级
		技能评鉴	综合素养和专业能力在现有能力水平上各提升一级
4	成本	显性成本	基本没有
		隐性成本	13名学员的学习时间，2名内部老师的授课和跟进时间

下面用两个实际的培训需求访谈案例进行展示，希望给大家带来一些参考。

案例智库　工程技术部门的培训需求调查

HR问，部门负责人回答。

问：请问，您觉得咱们现在的部门员工需要进行哪些方面的培训？

答：需要进行项目管理的培训。

（部分HR伙伴到这里就结束了，然后兴高采烈地得出了培训需求是项目管理培训。）

问：您为什么觉得他们需要进行项目管理的培训呢？

答：因为他们项目管理的能力不足。

（HR一看，这不是废话嘛，当然是能力不足才需要培训啊，说了等于没说。别急，继续往下看。）

问：您觉得他们在项目管理的所有环节做得都不好，还是在哪些环节做得不好呢？具体不良结果是什么呢？

答：其他的还好，主要是计划环节做得不好，导致产品开发进度延期。

（这里用 5W2H 法开始锁定问题发生的场合和范围。）

问：产品开发进度延期，是多大比例的延期，延期的天数大概是多少呢？

答：大部分都有不同程度的延期，70% 左右吧；至于延期的天数，这个不好说，差异很大。

问：过去一段时间，最长的延期了多久，最短又是多久？

答：最长的，那就长了，当然也不光是计划环节出问题导致的，光计划影响的，大概在 1 个礼拜到 1 个月之间吧。

问：也就是说，由于工程师项目管理中计划能力不足，导致 70% 左右的项目会在这个点上延期 1 周到 1 个月之间，对吧？

答：差不多是的。

（对于不确定的数值，要问出平均程度值，否则培训目标很难设定。）

问：OK，请问，在计划环节做得不好，是所有人都这样，还是哪些人？

答：除了个别资深的工程师，其他工程师都在这方面做得不好。

问：请问，咱们部门一共有多少工程师，又有多少资深的工程师呢？

答：一共 13 个，资深的有 2 个。

（这里用 5W2H 法开始锁定问题涉及的人员和程度。）

问：请问，那些计划环节做不好的工程师，您觉得他们做不好的主要原因是什么呢？

答：主要是缺少预见性，经常会出现临时异常、计划无法协调的情况，就是因为没有提前考虑到异常。比如，我们外发一个部件，理论上供应商需要 3 天完成，但实际上一般都会拖 1 个礼拜，但是工程师总是在计划上就写 3 天，出现点异常，马上就不行了。

（这里用 5WHY 的方法，刨根问底，逐渐挖掘原因。）

问：您觉得在所有的专案中，出现这种情况的比例大概占多少？

答：这些普通的工程师，几乎所有的专案都或多或少会出现这种情况。

（继续问 5W2H 中的 HOW MUCH。）

问：从工程师的角度来看，您觉得出现这种情况的原因到底是什么呢？

答：他们缺少预见性，也特别容易被供应商忽悠，不知道跟进供应商。以为供应商说 3 天就是 3 天，太嫩了。供应商拖延的时候肯定不会主动跟他们讲，他们呢，也不主动去问，等到问的时候，黄花菜都凉了。供应商两手一摊，各种理由，反正就是不能按时送货。这时这些人就没办法了，但是我们的项目进度已经受影响了。

（继续问 WHY。）

问：您觉得，他们出现这种预见性的问题，是因为主观上不愿意去思考，还是因为信息不全，还是因为前两个都满足了，但是他们不能有效地去统筹思考，做好计划呢？

答：他们信息还是能获得的，但是其他两种情况都有。

（培训需求调查用封闭式问题代替开放式问题，能获得更有效的答案。）

问：其他两种情况，分别占的比例大概是多少呢？

答：不愿意去思考占了大概 1/3 吧，计划能力不足占了大多数，2/3 的样子。

（继续问 5W2H 中的 HOW MUCH。）

问：您觉得他们为什么不愿意主动去跟进供应商呢？是害怕，还是没这个概念，还是压根不知道怎么跟进？

答：这其实还是个主动意识的问题。

问：您觉得他们自己有意识到这个问题吗？他们自己想预防这个问题吗？

答：他们自己已经意识到了，但是还是很难改变。

问：为什么很难改变呢，他们做了什么努力？结果是什么样的呢？

答：之前开会也跟他们多次讲了，就拿前不久的一个项目来说，就是很明显，他们也能意识到问题的严重性，但一到事情来了，就不知道怎么去管控供应商了。

问：好的，谢谢您，今天也耽误了您不少时间，再次感谢您今天提供了这么多有用的信息，以后继续向您请教。

实际上，这个培训需求的调研到此只能说告一段落，还没完全结束，还需要去调查当事人——工程师们，再和主管说的互相印证，如果想更稳妥，可以去调查一下与该部门经常配合的人，再做一个三方验证。这样，才是最"靠谱"的培训需求调查结果。

基于上面的访谈信息，我们可以得出如下结论。

输出培训需求范围是：解决11名普通产品工程师由于计划统筹能力和供应商跟进管控能力不足而导致的70%左右的项目进度延期1周至1个月的问题。

具体的培训目标——留给各位HR，根据上面的公式和范本表单，自己尝试练习。

案例智库　关于团队凝聚力的培训需求调查

笔者问，HR学员回答。

问：你们公司老板为什么要做团队凝聚力培训？

答：老板觉得公司员工缺乏凝聚力。

问：老板为什么觉得员工缺乏凝聚力呢？他觉得有凝聚力应该是什么样的？现在又是什么样的？

答：老板就是觉得大家没有之前表现好了，公司氛围也没之前那么和谐了啊，他觉得大家应该像以前一样和谐。

（这里用5WHY法刨根问底。）

问：能举一些具体的例子吗？老板到底看到了什么现象，让他觉得大家的表现没有之前好了、没有之前和谐了？

答：哦，是这样的，老板前两天找到我，跟我说公司现在氛围变了。第一个是：之前遇到问题，大家各自提各自的问题，找解决方案；现在呢，互相推诿扯皮。第二个是：以前公司里对有些事情并没有严格规定该谁去做，存在一些"三不管"地带，但只要有的事情，大家看见了，看见的人就会主动做好，不需要特意安排；可是现在每个人都只管做自己的事情，只要规定里没写，就不去管。第三个是：之前部门之间借调人力去帮忙，大家都很配合，只要能抽出人，都会主动支援；现在呢，部门主管不愿意调人，被调动的人也不乐意过去"支援"。

（这里用5W2H中的WHAT，HOW，WHO，WHERE。）

问：嗯，还有其他情况吗？

答：没有了，老板就跟我说了这三种情况。

（再次确认问题。）

问：建议你回去后跟老板沟通确认下，看他还有没有其他的说法。

答：好的。

问：关于你上面说的那三种情况，有几个事情要和你确认下。

答：请说。

（下面开始继续精准定位5W2H中的WHO和HOW MUCH等要素。）

问：开会的时候大家都推诿，这个"大家"指的是哪些人？干部、普通员工，还是所有人？

答：干部，就是公司的中层管理者。

问：是所有的中层管理者都这样吗？还是一定比例的中层管理者？

答：所有的。

问：这种情况出现多久了？是一直都这样？还是从什么时候开始的？

答：之前不是这样的，也没有一个非常明确的时间界限。

问：没关系，印象中大概是什么时候？

答：我感觉大概是1年前吧。

问："三不管"的事情，涉及的人员比例是多少？

答：这个现在几乎是全部人员了。

问：部门之间借调人力去帮忙，有百分之多少的部门主管不愿意配合？被调动的人有百分之多少不愿意配合？

答：大概有80%吧。

问：主管和普通员工一起吗？

答：是的，都差不多，都是80%左右。

（下面就开始做培训需求的输出了。）

问：所以你现在明白培训需求是什么了吗？

答：不是很清楚。

问：首先，这次培训谁觉得做得好，才是真正的好？

答：老板提的要求，当然是老板觉得好才是好。

问：老板的要求具体又是什么呢？问题是什么呢？

答：……

问：其实老板的要求就是三点，第一点……第二点……第三点……就这么简单。

答：我明白了，谢谢老师。

输出培训需求范围是： 解决公司存在的上述三类不良现象。一是所有中层管理者在会议上推诿的问题；二是所有人员不去主动做职责以外的事情的问题；三是公司80%的人员不愿意配合调动的问题。

深层分析下去，会发现这些问题基本上都属于"想不想"的问题，都不是仅仅靠培训就能解决的，所以这个培训需求是伪需求。如果老板一味要求必须靠培训解决全部问题，那HR就只能套着培训的"壳子"、

以培训作为"引子",通过必要的流程优化和激励机制优化来实现。关键的时候,可能还会涉及人员的调整,否则没办法真正解决这些问题。

综上所述,想要精准提炼培训需求,需要注意以下几点:

1. 培训需求来源于公司、个人对能力的要求和现状的差距。

2. 培训不是万能的,只能解决"知不知"和"会不会"的问题。

3. 通过问卷调查、一对一访谈、数据分析、行为观察识别问题、获取培训需求,问卷调查方式看似简单,对操作者的要求实则很高。

4. 发现问题后,可以通过4M1E、5W2H、5WHY、脑力激荡等方法,发掘问题产生的原因。

5. 通过交期、数量、质量、成本,锁定培训目标,以终为始,开展培训。

第三章

内训师建设的实操技巧

大家都知道，在做培训之前要进行培训需求调查，培训需求拟定之后，才能有明确的学习目标，完成学习目标才能达成培训的目的，而达成目的的培训才是成功的。那在真正的实操过程中应该怎么操作，才能确保培训项目的成功呢？

制度完善、流程明确固然可以规避一些问题，但培训相关人员的挑选也至关重要。作为培训管理者，到底应该怎样挑选人员？怎样做好培训期间的"选、用、育、留"？测评软件有时确实能提供一些参考，但它的可信度却并不高。要想选出达到操作者能力要求的人员，必须经过人工甄别。那么，这个至关重要的甄别应该从哪些方面进行呢？

第 1 节

三个条件挑选讲师

一、选择讲师

1. 有兴趣的人

是指天生表达意愿强烈、喜爱分享，自己有点知识就想立马表现出来、非常喜欢展示自己的人。笔者曾经向公司的某位"技术男"请教过一个技术方面的小问题，他平时闷不吭声，一听有人请教他问题，却立马来了精神，从这个技术的起始开始，对它的背景、相关联项、为什么这样、具体操作时应该要注意哪些、都有哪些优劣势、未来发展会怎样等，讲了个把小时，特别喜欢表现自己。这人有特别强烈的展示欲望，适合当讲师。

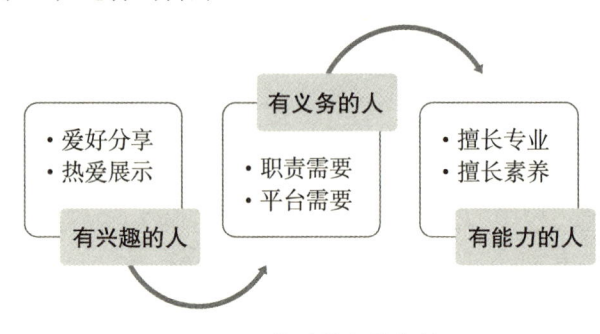

图3-1　挑选讲师的条件

2. 有义务的人

工作职责的需要。有些公司规定部门经理以上的人员必须是内训师，甚至是写入其工作职责部分的硬性规定；有些公司规定部门负责人晋升的必要条件就是必须培养一名合格的下属为接班人；还有些公司规定作为部门负责人，就要负责本部门人员的培训组织与能力的提升训练。

平台的需要。可能公司的某个部门或岗位只有某位高级工程师资历最深，或是相关的技术除了他没人能教，出于公司需要，该高级工程师必须承担起讲师的义务。像笔者之前供职的公司就有这样一位工程师：公司花重金专门派他去参加某个技术类的培训，培训回来要将此技术传承给公司的其他人员，该工程师就负有担当讲师的义务。

3. 有能力的人

"能力"包括专业能力和素养。培训项目开展时不能随便安排一个讲师，什么课都讲，却又什么都讲不好，一定要找擅长此类课程的人讲，只有他们自己理解得透彻，培训时才能更好地教给别人，做到传道、授业、解惑。

技术部门的人在技术方面特别擅长，那就让他们担任专业技术方面的讲师；人力资源部门的人对公司文化比较了解，那就让他们负责企业文化宣传方面的培训；质量部门的人对体系比较擅长，那就让他们负责体系方面的培训。

笔者曾经供职的公司因要推行质量体系，找了一个老师：曾经有推行体系的经历，而且在培训公司待过，非常适合当讲师。结果其个人不擅长对体系知识点的讲解，上课时照本宣科，读得结结巴巴，一个内容翻来覆去讲不清楚，学员听得昏昏欲睡，整个培训一点儿效果都没有。可见讲师的选择极其重要。

二、激励策略

那是不是按照以上条件选出讲师后就能万无一失呢？在公司没有足够的筹码，或是没有内训师课酬时，还要考虑哪些因素才能让讲师配合，做好培训呢？

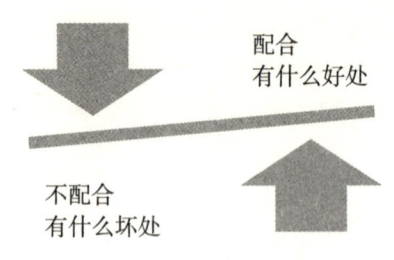

图3-2 讲师激励策略

1. 需求：充分了解该讲师的需求是什么、关注点是什么、配合了能得到什么好处等。有些人看重金钱，那就申请相应的课酬；有些人看重个人荣誉，那就给他适当的荣誉。

2. 痛点：充分挖掘该讲师的痛点：他最在乎的是什么、他不配合会有什么坏处等。对看重金钱的，可以通过惩罚让他体会到不配合的痛；看重权力的可以通过剥夺或削减其手中的权力让他配合。

三、激励设置

激励设置可以从两方面进行。

硬性筹码	软性筹码
·加薪	·流程配合顺畅
·升职	·帮助提供信息
·物质福利	·满足个人爱好
·话语权	·成长方法与平台
·头衔	·解决工作问题
	·解决生活问题
	·情感关怀
	·夸赞认可

图3-3 讲师激励设置

1. 硬性激励： 即物质激励或荣誉激励，主要有加薪、升职、物质福利、话语权、头衔等。

2. 软性激励： 即精神激励，主要有对其工作给予高度配合、帮助提供其想获取的信息、满足其个人爱好、帮助其解决工作或生活问题、对其进行专门的情感关怀、在公开场合对其进行夸赞或认可等。

要根据自己手中的资源及条件，结合候选的个人需求及痛点选人，候选人才能最大限度地支持及配合培训项目的推行，给培训项目的成功奠定基础。

曾经有个讲师，当时的家庭条件比较困难，母亲又生病，特别需要钱，笔者了解情况后，特地给他争取了课酬，在公司有调薪的时候又优先帮助其申请加薪，极大地满足了他当时的需求，他干起来特别主动。

另外一个讲师并不需要金钱，给了课酬他也不在乎，不想来上课。一调查，发现他需要的是解决工作中的难题，于是笔者就发挥个人资源，帮助其解决了工作中的难点，他关注的问题得到了解决，也非常配合。

还有些讲师既不缺钱，也没有工作问题，但特别爱面子，笔者就针对其个性，对其在全公司进行通报表扬，极大地满足他们的虚荣心。

不同的人的需求不同，痛点也不同，要"对症下药"。

案例智库

公司为了培养骨干，为员工发展小组项目选了 2 位讲师。

1. 因是培养骨干，对讲师的能力和素养都有要求，而 2 位讲师都是管理出身，适合担任讲师。并且 2 位讲师一个是生产工艺出身，另一个是质量体系出身，可以互相弥补缺点、彼此协助。

2. 讲师 A 在 HR 部门，培训是他的职责所在，他有义务担任讲师；讲师 B 在体系部门，要在公司推行体系项目，需要各个部门人员的配合，而培训时的作业正好是项目的内容要求,能够很好地帮助其解决工作中的问题、满足其工作需求。

3. 2位讲师都喜欢与人打交道、乐于分享,有授课兴趣。

有能力、有义务、有兴趣的三方完美结合,再结合其个人需求和痛点,给员工发展小组的培训推行奠定了很好的基础。

第 2 节

两个维度甄选学员

一、选择学员

选好了讲师,没有合适的学员,培训项目依然会以失败告终,那么应该怎样进行学员的筛选呢?主要可以从下面两个维度入手。

需求 ➕ 稳定 ＝ 学员

图 3-4　两个维度甄选学员

1. 有需求

学员个人有强烈的提升与学习意愿。只有在学员兴趣高的时候,才能保证培训产出高,假如学员没有学习意愿,培训时想着怎么旅游、怎么逛街,各种刷手机、打电话,人在心不在,不仅会破坏课堂氛围,还会对培训效果造成严重的影响。

笔者所在公司曾经举办了一场销售类的培训,投入 1 万元,到场 50 人,结果有近 30 人课上不好好听,玩手机、刷微博、刷朋友圈,完全是应付走形式。本来投入 1 万元,50 人参训,想着每人成本 200 元,后来只 10 人有产出，培训成本直接变成了每人 1000 元。

2. 稳定性高

学员对公司要有一定的认可度，且忠诚度高，这样才能避免培训结束，学员刚能独当一面就离职到竞争对手处工作，而给公司带来损失。公司因体系核查要求需要有一个无损探伤检测操作证书，于是花了近 2 万元委派员工小高去参加为期 4 个月的培训，培训回来刚工作了 2 个月，小高便递上辞呈，转身去了竞争对手处，给公司带来了惨重的损失。

学员的需求与稳定性直接决定着培训产出的高与低，只有培训产出高了，培训的平均成本才会低，如果没有培训产出，参与培训的学员越多，成本就越高。

二、考察要素

在选拔学员时一定要慎之又慎，当然，除了满足以上两个大方向上的要求，还需要从以下四点进行考察。

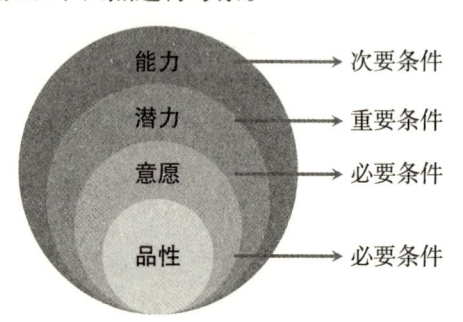

能力 → 次要条件
潜力 → 重要条件
意愿 → 必要条件
品性 → 必要条件

图 3-5　甄选学员考察要素

1. 品性

这是必要条件。品性不佳、心术不正的人培养得越好，带来的损失可能越大。前文所提的员工小高即是心术不正，未去培训之前各种努力，不放弃任何一个表现的时机，最终争取到了机会，结果培训刚结束2个月，就因竞争对手给他多开了1000元工资而向公司递交辞呈，公司不仅损失了相关的培训费、错过了培养其他真正愿意为公司服务的人才的时机，还产生了核心机密被泄露给竞争对手的风险，损失惨重。

2. 意愿

这是必要条件。如果参训者本人没有意愿，那么培养起来不仅费时费力还难出效果。前文所讲的销售类培训，有近30人在课上玩手机、刷朋友圈，为了应付任务而来参加培训，导致培训结束后没有任何产出，培训投入巨大、培训成本高昂。

3. 潜力

这是重要条件。这是在树立标杆。公司的员工发展小组在成功培养了一批人员后，可能其中有1名员工各方面特别突出，之后每当大家对培训产出的人员目标不清晰时，就直接以该员工为参照——培养出像他那样的就行。

4. 能力

这是次要条件。培训就是帮助员工提升能力的，只要品性和意愿没问题就行。公司技术员小张，品性较好、意愿强烈，但能力稍微欠缺，公司在选拔人员进行专项培训时，他努力地争取到了那次机会。培训结束，小张各方面表现突出，技术能力也提升了一个档次，对公司下一个项目的研发起到了很大的作用。

案例智库 员工发展小组培训时所选择的人员情况

表3-1　最终确定人员名单

NO.	部门	课组别	工号	姓名	岗位	年龄	性别	学历	婚姻状况	入职日期	职等	电话	QQ
1					助理	24	男	大专	未婚				
2					组长	27	男	大专	未婚				
3					领班	21	男	大专	未婚				
4					OP	24	女	初中	已婚				
5					QC	24	女	大专	未婚				
6					文员	22	女	本科	未婚				
7					生管	22	男	初中	未婚				
8					生管	22	男	大专	未婚				
9					技术员	24	男	大专	未婚				
10					领班	23	男	中专	未婚				
11					领班	25	女	初中	已婚				
12					技术员	29	男	初中	已婚				
13					助工	27	女	大专	未婚				

假如从访谈中得出，以上人员都有强烈的上升意愿，经调查品性都没有问题，然后就可以从入职年限、岗位、部门、年龄段、学历等出发进行比例搭配，结合公司需要的产出周期，将潜力高的与潜力低的互相做好搭配，争取快速且完美地完成培训要求。

第 3 节

四个要素敲定管理者

选好讲师和学员,是不是培训就一定能取得成功呢?未必,如果没有一个合适、尽责的培训管理者进行跟踪、组织,培训可能就是走走形式了。那什么样的人才能成为最佳的管理者,确保培训项目的顺利推行呢?以下四个要素非常重要。

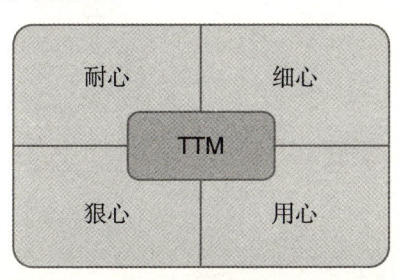

```
耐心    细心
    TTM
狼心    用心
```

图 3-6　甄选培训管理者的四个要素

一、耐心

作为培训管理者一定要有相当的耐心。有足够的耐心才能更好地发现问题,找到真正的培训需求,帮助企业解决问题。有些培训管理者在做培训需求调查时直接"扔"个表格让业务部门填写,人家看不懂或有问题来反馈时,他却没有耐心接待、聆听,导致培训需求形式化,于是只能为了应付任务而随意填写假需求、空需求,培训时根本无法落地,这样的培训管理者显然是不合格的。

笔者曾经供职公司的某培训专员，做培训需求调查的方法就是直接打印表单，"扔"给部门主管，然后便不管不问，主管来找他询问，他还不理不睬，主管的意见无处反馈，最后只能随便填填，应付了事。

二、细心

作为培训管理者，每场培训都要提前将相关的细节考虑到位，如培训通知要提前发布、培训所需材料要准备齐全、培训要跟踪到位、人员情况变更要及时了解，等等。

笔者的那位前同事作为培训管理者，对工作完全是应付了事。有一次培训时，讲师到了，学员却一个都没到，一调查发现原来是他忘记发布培训通知了。还有一次，培训结束，发问卷调查，30人参训，结果他只准备了20份问卷，剩余10人在现场打电话的打电话，玩手机的玩手机，还有的窃窃私语，造成了很不好的影响。

三、用心

不同的培训管理者在培训这件事情上付出的精力多少是不同的。

笔者的那位前同事除了以上的"故事"，还有次安排夜班人员上午参加培训，结果怨声载道，到场率极低。

整个培训期间他做的事就是各种不认真、不负责，如果稍微用点心，必然会提前将一切安排妥当，不会出现老师到场、学员未到的情况；也不会出现培训资料缺失、现场难以控制的情况；更不会出现不管别人死活，安排夜班人员在休息期间来参加培训的事。

以人为本，想人所想，急人所难，培训前组织到位、思考周到、人员参与度高，才能真正确保培训效果。

四、狠心

作为培训管理者要有一定的狠心和魄力。

笔者在担任培训管理者时，有次培训通知发出后，很多学员因之前养成了不重视培训的坏习惯，不配合、不来参加培训，笔者于是对那次未到场的学员给予了严厉的处罚，永久取消了其参与培训的资格，也同时意味着他永久地丧失了在公司晋升的机会。以后再通知培训时，到场率明显高了很多。

以上就是选拔讲师、学员及培训管理者的一些思路，具体操作还要结合公司的实际情况、自己手中的权限及资源，全面盘点好人员特点，选出合适的人员，培训项目推行的成功率才会更进一步。

综上所述，做好内训师建设需要注意以下几点：

1. 根据兴趣、义务和能力三项，并结合需求和痛点选出合适的讲师。你情我愿，工作配合才会更为默契。

2. 根据意愿及稳定性两点，结合需求和痛点，选出合适的学员。个人有意愿，稳定性又高，才能确保培训产出，真正为公司创造价值。

3. 根据耐心、细心、用心和狠心四点，选出合适的培训管理者。尽心尽力，又能杀伐决断，才能临危不惧、统筹全盘。

第四章

学习素材开发的操作思路

第四章　学习素材开发的操作思路

培训是企业进行人才培养的核心，学习内容又是培训管理的核心，它既是一家公司进行知识沉淀与传播的重要手段，也是帮助公司梳理标准、流程、规范、方法工具的有效途径。

随着企业培训成熟度的提高，关键人才的供需矛盾日益显现，专兼职讲师团队的打造和内部培训课程的开发已迫在眉睫，企业内部的资深人员对业务娴熟，但却缺乏培训的理论功底和学习素材开发的经验。

那么，到底什么是学习素材开发？如何进行学习素材开发？学习素材开发的误区都有哪些？应该从哪些方面进行学习素材的开发呢？作为一名培训管理者，懂得课程设计的逻辑才能更好地评定课程开发的优劣及培训效果的好坏，才能提出更好的改善建议。

第 1 节

常见的四种课程

了解学习素材开发之前，先了解一下常见的四种课程。

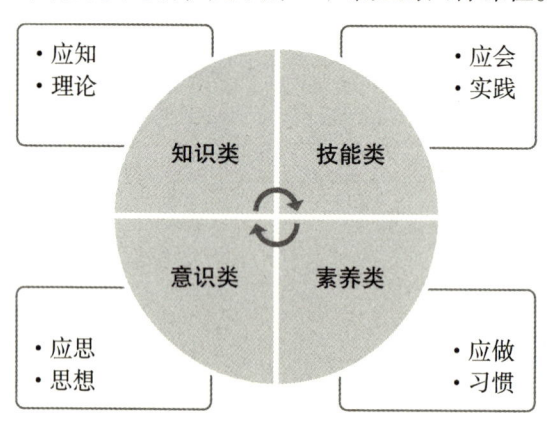

图 4-1　常见的四种课程

一、知识类：属于应知的范畴。例如，岗位职责、业务流程等基本的公司知识，人力资源管理六大模块的知识或技术等不同岗位的专业知识，这些都属于理论知识。

二、技能类：属于应会的范畴。例如，设计技能、开发技能、操作技能等。除了理论知识，还有操作实践，如人力资源管理六大模块中对应的绩效管理知识，当了解基础的理论知识后，还需做出一个实际可落地的绩效考核表，依据这个考核表进行考核，考核之后再做绩效面谈。

这些都属于技能实践操作。

三、素养类：素养和技能有很多相似之处，但素养更多地指的是行为习惯，如公司对于规章制度的要求等，偏向企业文化。

四、意识类：即思想、心态。比如，公司感觉有些员工"不上进"，没有积极性，"不上进、没有积极性"就是一种意识。

第 2 节

学习素材开发过程中常见的五类问题

四种不同的课程方式对应的授课形式也不一样,相应的学习素材的开发也不尽相同。那么,到底应该怎么做学习素材开发?过程中都会遇到哪些问题呢?

训练目标 形同虚设	学习对象 定位模糊	个人设计 完美主义	课程资料 缺斤短两	课程逻辑 顾此失彼
不量化	范围模糊	知识过多	缺大纲	首尾失联
不细化	背景模糊	文字过多	缺手册	过度发散
不明确	诉求模糊	内容过多	缺工具	

图 4-2　学习素材开发过程中常见的五类问题

一、训练目标形同虚设

不量化、不细化、不明确。很多公司会将"提升上进心、提高积极性"设为培训目标,这些无法衡量的目标其实很空洞,培训者也不知如何证明。什么叫上进心?什么叫积极性?对应的有哪些行为?有什么数据可以证明？怎么衡量别人是否做到了？只有该量化的量化了、该细化的细化了，才能更好地达到学习目的，不能光凭感觉。

二、学习对象定位模糊

许多几百人的大型培训都不曾对学员进行精准定位。学员背景是什么不清楚、每个人的诉求是什么不清楚、想要解决的问题是什么不清楚，所以他们的课程通常很空。为了兼顾数百个学员的需求，教材印制时范围覆盖面特别广，除了知识普及，根本不适合用于技能培训，讲了一堆看似"高大上"的道理，最后却什么问题也没解决。

企业内训是需要解决实际问题的，需要更多的企业内部案例和素材支撑，才能更好地、有针对性地解决问题。例如，为了解决跨部门沟通的问题，需要开设有效沟通的课程。根据信息的收集情况，学员多为公司内部学历层次不高、工作经验丰富的现场"技术男"，因经验主义严重，在进行问题讨论时经常各执己见、争执不下，培训设计时可以针对这类人群进行精准设计，达到解决问题的目的。而世面上通用的、大而宽的有效沟通课程反而不适合用在此处。

三、个人设计完美主义

一些表达欲望强烈和新进的讲师最容易犯此类错误。他们的培训内容设计的知识点特别多，恨不得一堂课将所有知识点全部讲完，受训者根本无法在很短的时间内理解，更别说学会了。

还有的培训课程中文字过多、内容过多。过多的文字会占用受训者的注意力，导致他们在上课时不能专注地听老师讲课。内容过多是指每个知识点特别庞大，涉及面特别广，讲解时用时很长还讲不清楚，学员无法接受，于是培训成了形式。

例如，有些公司的新员工入职培训本来是为了宣读公司的规章制度，让大家知道即可，结果1个小时的培训却设计了几十页的PPT、几百项制度，参训者根本记不住。假如是为了做知识普及，如此设计尚能理解，但假如是为了做技能培训，那这样设计肯定毫无效果。

四、课程资料缺斤短两

很多培训管理者都有这个误区，以为课程开发把课件、课纲开发好了就行，其实不是这样的。课件和课纲开发仅占整个学习素材的 1/3 左右，除了课纲、课件之外，还要有配套的案例资料、操作工具、表单、学员手册、讲师手册等。

五、课程逻辑顾此失彼

即要么首尾失联，要么过度发散。例如，做管理者的系列性培训，假如是基层管理，内容就是 TWI 四个技能 + 认知的几类培训，那么就要让其知道管理的角色和定位是什么、要承担什么样的职责，要先从思想上转变观念，在学员明白这些之后再进行工作教导、工作改善、工作关系、工作安全等方面的培训。培训的知识点前后要形成一个严密的闭环，首尾关联。管理的本身包括计划、组织、监督、实施和改善五个环节，它们是一个大的管理技能概念，培训时要检查是否有遗漏，遗漏任何一个都会造成缺失，也就谈不上关联了。

过度发散，是指课程内容和培训目标的关联度很低，培训效果不佳。一些外部培训师经常会到多家公司做培训，但设计的教材和课上所举的案例千篇一律，根本不符合参训者的实际情况：面对办公室职员和面对车间的一线工人，使用同样的案例，肯定是不合适的。

第 3 节

四类课程所对应的上课形式

明白了四种课程，知道了开发过程中常见的五类问题，接下来就可以根据公司情况因地制宜地进行学习素材的开发了。开发之前，我们要知道每种课程方式所对应的上课形式。

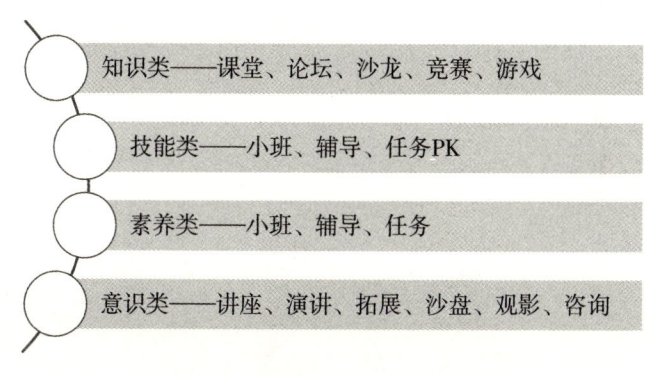

- 知识类——课堂、论坛、沙龙、竞赛、游戏
- 技能类——小班、辅导、任务PK
- 素养类——小班、辅导、任务
- 意识类——讲座、演讲、拓展、沙盘、观影、咨询

图4-3 不同课程对应的上课形式

一、知识类课程

可以通过线上/线下授课、外部论坛、沙龙活动、知识竞赛及游戏类的形式进行。一些比较枯燥的消防知识培训、环境安全培训、规章制度培训就可以以知识竞赛、互相 PK 的形式进行。这些不同的培训方式既能激励大家，又能达到很好的培训效果。

二、技能类课程

可以以小班教学、针对性辅导及任务 PK 的形式进行。技能需要在实际操练中掌握，线上或小班制的教学也需要有针对性的辅导和反复演练。还可以通过任务 PK 的形式，以解决工作中的实际问题为核心，让大家提出方案，根据方案看谁的问题解决得好，谁在解决过程中用到的技能点多、谁用得最熟练、得到的效果最佳，谁就胜出。

三、素养类课程

与技能类的课程类似，可通过小班教学，以针对性辅导及任务的形式进行，以做为主。例如，企业文化中要求的"使命必达，客户至上"，要解读这个文化需要员工做出哪些行为、做出这些行为需要哪些技能，在培训过程中加以跟进辅导或是设置成任务进行跟踪。

四、意识类课程

可以通过大咖讲座、励志演讲、拓展、沙盘（体验式培训）、观影（在视觉及感觉上带来震撼）、咨询（教练式的问）等方式进行。比如，很多公司设置的"心理咨询坊"就是意识类的培训，即通过一定的心理辅助来达到认知的转变。

第四章 学习素材开发的操作思路

案例智库 员工发展小组培训的课程设计及授课方式

表4-1 20××年度员工发展小组第一期课程表

NO.	课程名称	课程内容	日期	时间段	时间（h）	讲师	地点
1	生涯规划	公司介绍（公司发展史、公司企业文化、公司的激励体制、公司未来发展前景）	×月13日	17:40—19:40	0.5	高层A	行政楼多媒体
		职业生涯规划（社会环境、就业危机、人生定位、职业生涯目标）			1.5	老师D	
2	励志	观影《浮城大亨》	×月26日	17:40—19:40	1.7	无	行政楼多媒体
		自我成长经历介绍			0.3	高层B	
3	细节决定成败	做事的步骤和手法讲解（布置作业）	×月10日	17:40—19:40	2	老师D	行政楼多媒体
4	案例分析	"细节决定成败"课堂作业研讨与解析	×月24日	待定	2	老师D	待定
5	质量意识	质量意识行为规范及如何影响其他人的观念（布置作业）	×月7日	17:40—19:40	2	老师C	行政楼多媒体
6	案例分析	"质量意识"课堂作业研讨与解析	×月20日	待定	2	老师C	待定
7	励志	高层A给被奖励学员颁奖并合影留念（3名）	×月4日	17:40—19:40	0.2	高层A	行政楼多媒体
		被奖励学员发表获奖感言（1名）			0.1	被奖励学员	
		观影《狂奔蚂蚁》			1.7	无	

077

续表

NO.	课程名称	课程内容	日期	时间段	时间（h）	讲师	地点
8	QCC	QCC改善简介及技巧和方法（布置作业）	×月29日	17:40–19:40	2	老师C	行政楼多媒体
9	案例分析	"QCC"课堂作业研讨与解析	×月13日	待定	2	老师C	待定
10	有效沟通	沟通的方式和技巧	×月15日	17:40–19:40	2	老师D	行政楼多媒体
11	案例分析	"有效沟通"课堂作业研讨与解析	×月30日	待定	2	老师D	待定
12	时间管理	时间管理技巧及如何有效区分事情的重要性和紧急性（布置作业）	×月26日	17:40–19:40	2	老师D	行政楼多媒体
13	案例分析	"时间管理"课堂作业研讨与解析	×月21日	待定	2	老师D	待定
14	总结课	小组负责人总结学期成果	×月29日	08:30–09:30	0.2	被奖励学员	行政楼多媒体
		高层A给被奖励学员颁奖并合影留念（3名）			0.2		
		被奖励学员发表获奖感言（3名）			0.4		
		高层A致结束语			0.2	高层A	

078

1. 生涯规划：以素养为主，穿插意识，通过对公司文化的介绍激发参训学员的欲望，再通过职业生涯不同阶段的规划，从社会大环境、当前的就业危机、人生应该如何定位几个方面进行剖析，生成职业生涯短、中、长期目标，从意识方面逐渐切换到技能方面，以课堂授课的方式进行。

2. 励志类：当职业生涯规划确定好之后，还需要继续进行意识类的灌输，加深印象，这时可以选择一些与主题密切相关的电影，通过影视剧的情节引起共鸣，让学员通过观看电影自己总结感想，并及时组织大家进行个人成长经历的介绍。

3. 素养类："细节决定成败"，从一些做事的手法入手，再代入公司实际案例分析，并布置相关任务进行反复练习。

4. 案例分析：对上一节"细节决定成败"课布置的作业进行研讨分析，解决与其工作紧密相关的问题。

5. 质量意识：通过行为规范提升质量意识，配以相应作业练习。

6. 案例分析：对上一节"质量意识"课的作业进行研讨分析，解决问题。

7. 阶段性总结：总结时颁奖、合影留念、优秀学员发表感言、多方激励，并继续观看相关题材的电影，加强动力。

8. 问题分析与解决："QCC改善简介及技巧方法""有效沟通的方式和技巧"等，布置相关作业代入工作中。

9. 案例分析：对"QCC及有效沟通"课的作业进行详细的讲解与研讨。

10. 有效沟通：沟通的方式和技巧，并布置相关作业。

11. 案例分析：对"有效沟通"课的作业进行研讨与解析。

12. 时间管理：时间管理的技巧及轻重缓急的区分，并布置相关作业。

13. 案例分析：对"时间管理"课的作业进行详细讲解与研讨。

14. 总结：小组负责人总结当期学习成果、副总与学员合影留念、优秀学员发表感言等，进行再一次的激励。

　　整个课程共计14节，包括理论、素养、知识、影视、研讨、问题分析解决等不同的形式，分别采取了不同的授课方式，从公司当下实际情况出发，极大地满足了学员的学习需求。

第 4 节

课纲设计的四大要素

课纲是整个课程设计的灵魂，依据课纲做出的课件才不会出现偏差。培训管理者不仅要学会设计学习素材，更要学会审核别人的学习素材。这么重要的课纲到底应该怎么设计呢？主要可以从以下四方面入手。

一个问题——培训背景的具体问题描述
两种理论——高大上/接地气
四类案例——跨专业/本专业/本公司/本人
两个练习——课堂练习/课后作业

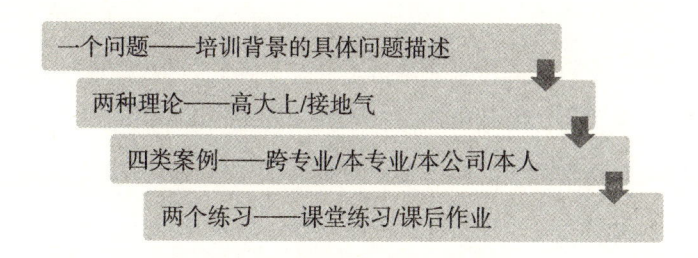

图 4-4　课纲设计的四大要素

一、一个问题

即培训背景的具体问题描述。

如开发"客户谈判的沟通技巧"课程，在课纲设计时可以先抛出问题：你会不会与客户谈价格？你是不是总掉进客户的价格陷阱里？

如公司内部开发技能类课程，在课纲设计时可以先抛出问题：为什么要进行刀具选择？为什么刀具选择得总是不合理？为什么刀具总是不合适？

设置课纲的目的是让人一看到课纲，就知道培训课程要解决的问题。

二、两种理论

一种是"高大上"的书面解释，另一种是接地气的口语描述。

在管理类课程培训中，要对"管理"的概念进行解释，有人会引用典故，分别从东西方两个不同的角度对"管理"进行阐述，有人则会直接用"管人理事"这种接地气的个人语言进行说明。

三、四类案例

可以从跨专业、本专业、本公司、本人四个不同的层面分别列举。

如传统制造业在组织供应链管理的课程培训时，可以举一些世界五百强企业，像肯德基/麦当劳这种大型餐饮业的经典事例，虽不在同一领域，但供应链管理的思路相通，可以互相借鉴，还可以举制造业的供应链管理的例子，或对本公司的供应链管理案例或本岗位（采购）案例进行说明。

案例要根据不同的培训对象进行分别设置，外训时可以举跨专业或本专业的例子，内训时则可以多举本公司和个人的例子。

曾经有一位学员因工作需要，找笔者帮忙提供一些有效沟通的课程讲解案例。笔者当时手上比较多的是一些一线员工的沟通案例，但他当时进行的是零售行业店长的沟通技巧培训，要解决如何与中老年客户沟通的问题，显然这样的案例与他的需求不符。后来，笔者教他收集此类行业中与中老年人沟通的案例进行参照和讲解，最终取得了很好的效果。

案例不需要"高大上"，贴近公司情况的才是最好的。

四、两个练习

即课堂练习和课后作业。

课堂练习用于巩固当场所学的知识、技能和对案例的理解深度，课后作业则是为了更好地巩固学习效果。

第 5 节

课纲开发需要符合的五个特性

课纲开发除了要规避五大误区、注意四类问题，还需要符合五个特性。

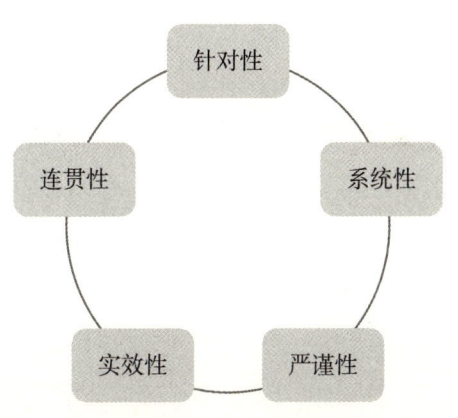

图 4-5　课纲开发需要符合的五个特性

一、针对性

课程要针对特定的人群、特定的问题、特定的现象进行开发。

二、系统性

既可以针对某一个面，也可以针对某一个点开发，内容本身要成系统。

三、严谨性

课程逻辑要首尾相关,内容不能前后矛盾。

四、实效性

培训多为解决公司当下的问题,课程及案例要适合当下的需要。

五、连贯性

当培训内容针对的是一个点的时候,可以用总分总的形式,即先给个方向,再对过程进行详细描述和讲解,最后总结,这样才能做到逻辑紧密、环环相扣。

整体的系列课程开发也是如此,要秉承连贯性原则,前后关联、逻辑通顺。

案例智库 课程大纲部分截取

课程大纲

第一章:角色认知

学习目标:自己发现一个合格的班组长所应承担的职责和扮演的角色。

1. 何为管理

   1.1 管人

   1.2 理事

2. 班组长的七种角色(团队角色演练)

3. 班组长的三大职责

   3.1 承上启下

   3.2 承前启后

   3.2 承左启右

第二章：工作教导

学习目标：学会制作训练计划和工作教导四阶段法。

1. 教导前准备

　　1.1 制订训练预定表（习作）

　　1.2 制订工作分解表（习作）

2. 工作教导四阶段法（技巧演练）

第三章：课程开发

1. 课程开发分为三级目录

2. 课程内容为针对基层干部的管理技能的培训

3. 课纲详情

（1）设定具体的培训目标

（2）培训内容：管理者角色认知

◆先抛出问题，什么是管理？从管人和理事两个维度进行理论解释。

◆分别用七种不同的角色进行角色演练，案例和练习相结合。

◆班组长的三大职责，课堂中以理论讲解＋案例练习交叉的方式进行。

（3）工作教导

……

课纲开发不必过于复杂，确定好内容后，用问题＋理论＋案例＋练习的形式开发即可，还可穿插视频等与培训主题相关的内容。

第 6 节

课程开发的四大步骤

课纲做好之后就可以进行课程开发了，具体有如下几个步骤。

确定培训目标 → 梳理课程大纲 → 编制课程教材 → 配套课程资料

图 4-6　课程开发的四大步骤

一、确定培训目标

任何一场培训都要先确定培训目标，目标也是一个方向，只有方向对了，后面才不会出现偏差。

二、梳理课程大纲

目标定了，就可以针对目标进行培训大纲的梳理。

三、编制课程教材

有了课纲之后，教材的开发也就很简单了，针对课纲进行详细的内容填充即可。

四、配套课程资料

课程资料包括课程纲要、课件教材、案例资料、操作工具、学员手册、讲师手册六大部分。

第 7 节

课程资料包含的六大部分

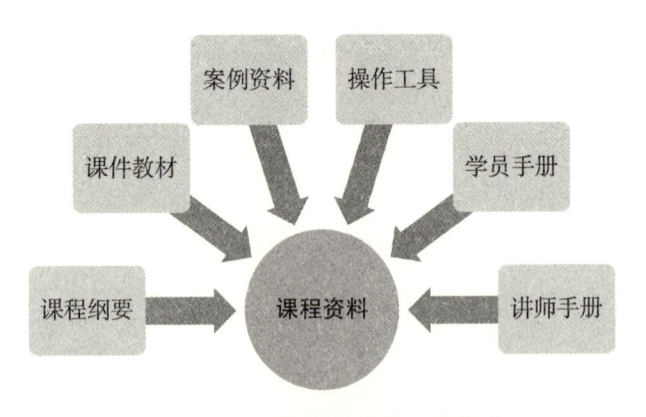

图4-7　课程资料包含的六大部分

一、课程纲要

笔者之前在做培训系列 10 节课的学习素材开发时，梳理课纲的时间占了整个学习素材开发时间的 1/3，从针对性、连贯性、系统性、严谨性、时效性等多方面进行思考，占用了相当长的时间，尤其是合适的案例更是需要时间和精力去寻找。

二、课件教材

课纲的三级目录出来后，后面就特别简单，针对细分的章、单元、小节，进行内容填充，再配以相应的理论、案例和练习即可。

三、案例资料

有了课件教材之后，就要配上相应的案例资料，除课件中所配的小部分案例外，还需要更多、更全、更完整的案例资料。

四、操作工具

即加上配套的表单、工具、模型等操作工具，如培训效果评估表、四个维度对培训目标的精准描述等。

五、学员手册

学员手册是学员使用的、与课程相配套的总结性知识要点及课堂上必要的练习。

六、讲师手册

讲师手册即教案。在整个课程资料的六个部分中，讲师手册的准备最难，它关系到整个培训课堂的演绎和设计，是5W2H的细化描述：什么人、什么时间、什么地点、因为什么原因、做什么事情、用什么方法、做到什么程度。如何用这个手册将课程讲好、让讲授方式在公司内部形成标准、让老师可以根据讲义讲课，是考验这份讲师手册的一个参照。

案例智库 讲师手册的制作（详见附录3：TWI培训讲师手册）

第二课：工作分解（2-3h）

一、课前准备

1. 红笔批改训练预定表，指出问题点。如果有严重问题，需要将本人叫来仔细讲解。

2. 浏览工作分解表，选取两个案例。

3. 黑色白板笔一支，蓝色白板笔一支。

4. A2纸10张。

5. 夹子4个。

6. U盘（含有本次培训的PPT）。

二、课堂回顾（1-2min）

三、告诉大家今天的课堂内容——工作分解表，讲述标准（3-5min）

四、现场演练

问大家是否有自愿上台讲解自己的作业的。若有，要求全检、工站和现场各出一个；若没有，就用准备好的两个案例，点名让他们上台演讲。（每个案例控制在1h以内。）

★要点：

1. 上台前不要忘记进行简单的自我介绍。

2. 选取的人员要有一定的心理素质，即我们常说的"脸皮厚"。

3. 平均每讲一个步骤就要停顿一下，让学员提问题。目标是让每个人都要提问题，让大家都参与。

4. 遇到爱钻牛角尖的人，要强调一下我们的标准是什么，同时也要夸奖那个人，不能打击他的积极性。

5. 遇到重复的问题需要总结一下。

6. 要求大家做笔记，记住要点。

五、布置作业

这是一份TWI系列课程——工作教导课程第二节的讲师手册，课时设计为2-3小时，整个课堂分为5-6次，讲师手册一共分为五个部分。

1. 课前准备

◆红笔批改的训练预定表，指出问题点，并提醒老师有严重问题时要将本人叫来当面讲解。

◆浏览上节课留下的作业案例工作分解表，选取中上等的两个案例（给出具体标准）进行详细讲解，选取案例时要特别注意，要选取一些心理素质比较好、抗压能力强的学员，以便在作业讲解时积极讨论，打破常规思维，进行思维冲击。

笔者之前所在的公司有个培训师在选择学员时就有个失败的案例，他随机选取了一名学员，结果在进行案例讲解时，其他学员对他的案例进行点评分析，学员在上面不知所措，到最后甚至不敢说话，积极性越来越低。

◆物质准备

2. 课堂回顾：明确回顾的内容和时间。

3. 本次课程内容预告：告知学员今天所学的内容是什么，理论知识讲解以3-5分钟为限。

4. 现场演练：针对工作中存在的现实问题进行实地演练，其他学员讨论点评。

5. 布置作业：针对本次所学内容预留作业，进行反复练习。

讲师手册是一个老师讲好一堂课的详细"剧本"，只有提前规划好了，后面的课程讲解和培养才会更为顺畅。

综上所述，要做好学习素材的开发需要注意以下几点：

1.学习素材开发不是知识点的拼凑，要根据几种不同的课程进行有针对性的设计。

2.要全力避免学习素材开发的几个误区，以终为始，才能更好地达成自己的目的。

3.四种课程要分别对应不同的上课形式，因地制宜，才能达到更好的效果。

4.开发学习素材之前先要做好课程纲要的开发，课程纲要是一个课程开发的灵魂。

5.课纲开发做好了还要有对应的、齐全的课程资料，每一步都要详细、具体。

第五章

培训评估方式设计的操作细则

第五章 培训评估方式设计的操作细则

到底什么是培训评估？培训评估包括哪些方面？为什么要做培训评估？培训评估到底应该怎么做？以往，企业中很多培训到最后"流产"，并没有产生相应的培训效果，究其原因，离不开培训评估方式的缺失。本章讲述的是培训评估方式设计的操作细则，教你如何从四个层面进行评估设计，确保培训效果的达成。

第1节

四类评估设计的目的

培训评估的方式一共有四种:反应评估、学习评估、行为评估和效果评估。很多企业只做了第一级——反应评估,也就是在老师上完课后,发个问卷调查表填一填;对课程是否满意?对老师是否满意?对课堂氛围是否满意?这种形式的调查最多只能算是完成了反应评估,而缺少了后面重要的三级评估,根本无法衡量真正的培训效果。而这也让很多做培训的小伙伴头疼,一说做培训评估,除了问卷调查之外,就感觉无从下手。那么,到底应该怎么做培训评估呢?

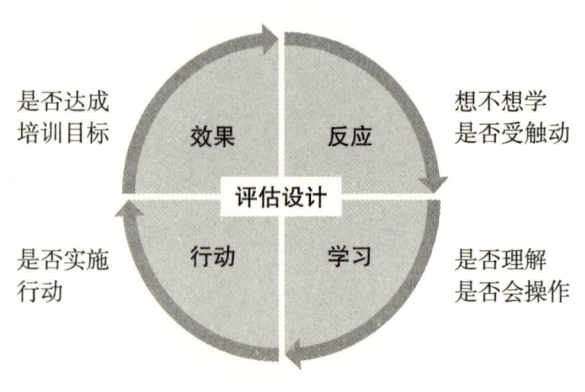

图5-1 四类评估设计的目的

一、反应评估

参训的人员是不是想学？学过之后有没有反应？有没有受到触动？想知道这些，反应评估的设计是必不可少的第一级评估。

二、学习评估

经过第一级的反应评估后，我们知道参训人员想学、学了之后也有反应，那他们对学习的内容是否理解了？学到的技能是否能在工作中操作？要了解这些，就需要第二级学习评估。

三、行动评估

当参训学员理解了、学会了，也知道操作了，他在实际的工作和生活中有没有付诸行动呢？要想真正衡量培训效果，行动评估至关重要。它是整个四级评估中最核心、最有效，也是最难的评估，如果想做好最终的培训效果评估，必须先将行为评估做好。

四、效果评估

参训学员有了行动之后，过程中有没有偏差？有没有达到预期的培训目标？必须从实际的效果方面来进行检验。

培训的四级评估一环扣一环，漏了一个就会导致整个培训评估缺失、关联不上、无法评估或是评估不准。

知道了设计各级评估的目的后，来看看到底应该怎样设计每一级的评估。

第 2 节

三个要素设计反应评估

一、反应评估设计要素

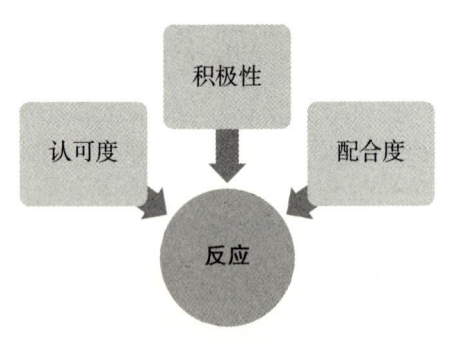

图5-2　反应评估设计三要素

1. 认可度：学员是否认可本次培训？学员是否认可本次课程？认可是第一反应，如果学员对本次培训不认可，课堂上也不会全身心地听课，培训效果就很难保证了。

2. 积极性：学员的表现是否积极？培训过程中的配合度高不高？表现得是否活跃？回答问题的积极性、小活动的参与性高不高？

3. 配合度：讲师、学员、培训管理者在培训过程中的配合度怎么样？能不能达成预期的培训目标？

二、反应评估设计方式

实操过程中，对于反应评估的设计有两种方式。

问卷调查	现场考评
・对讲师	・出勤情况
・对课程内容	・课堂纪律
・对学习氛围	・回答问题
・对授课方式	・活动配合度
・实用性	・听课状态

图5-3　两种反应评估的设计方式

1. 问卷调查

主要包括对讲师的评估、对课程内容的评估、对学习氛围的评估、对授课方式的评估、对课程实用性的评估等，在问卷最后还可以加上，"你接下来还想学习哪方面的内容？接下来还想参加什么样的培训？"等通用型问题。

问卷调查的好处是较为简便、收集时间短、省费用、省人力；缺点是因为大部分内训师是公司内部员工，上下级关系会让打分失真，评价普遍偏高，让问卷调查失去了意义。

一般公司举行的培训，培训讲师要么是本部门的干部，要么是其他部门的领导，参与问卷调查的学员根本不敢填写自己的真实意见。他们一方面担心在工作中遭到报复，另一方面因为好面子，本来也觉得老师讲课挺辛苦的。结果问卷调查流于形式，打的分数普遍偏高。

笔者曾经组织过一场质量培训，参训的对象是公司QC部门的40多名员工，讲师为质量部主管。经了解，该主管资历很深，曾在培训公司待过，专门负责过质量的培训，但笔者在跟课的过程中发现，该讲师上课平淡无奇，完全照着PPT念课件，并且还念得不熟，现场氛围差到极点。但因该讲师是质量部主管，填问卷调查时学员根本不敢填写真实情况，培训没有任何效果，分数却超高。

当讲师与学员间存在利益冲突时，用问卷调查根本收集不到真实有用的信息。

2. 现场考评

现场考评与问卷调查不同，它是最真实有效的观察，是实实在在的现场反馈，得到的结果也更为客观。现场考评主要可以从出勤情况、课堂纪律、回答问题、活动配合度、学员听课状态几个方面进行考察。

学员对培训是不是认可、对课程内容是不是感兴趣、出勤率、课堂纪律、学员回答问题的积极性、回答问题的质量、课程过程中对于组织活动的配合度、听课精神的饱满程度、有没有开小差玩手机等，最能反映真实情况。现场考评不但可以评估讲师是否合格，也是对学员反应的反向佐证，假如学员能够尽心配合填写，也是对他态度的一个证明。

作为培训管理者，务必要做好跟课，通过观察得出讲师的授课水平和学员的反应，及时了解现场情况。在个人时间不好协调的情况下，可以借助学员的力量协助跟课，确保对现场情况的了解。

第 3 节

两个要素设计学习评估

一、学习评估设计要素

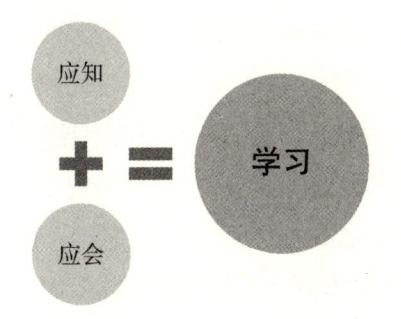

图5-4 学习评估设计的两个要素

学习评估包括两个要素：应知、应会。

应知：主要是对理论类情况的了解。该知道的知识是否知道？该了解的流程是否了解？该明白的理论是否明白？

应会：主要是对实践类情况的了解。该会的技能能不能操作？

二、学习评估设计方式

具体设计时又分为两类。

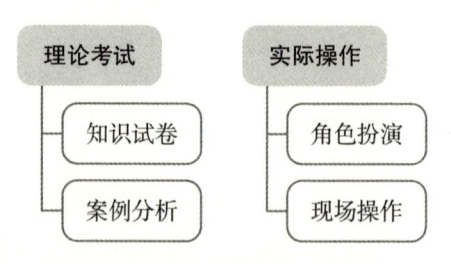

```
┌─────────┐      ┌─────────┐
│ 理论考试 │      │ 实际操作 │
└────┬────┘      └────┬────┘
     │                │
┌─────────┐      ┌─────────┐
│ 知识试卷 │      │ 角色扮演 │
└─────────┘      └─────────┘
     │                │
┌─────────┐      ┌─────────┐
│ 案例分析 │      │ 现场操作 │
└─────────┘      └─────────┘
```

图5-5　学习评估设计方式

1. 理论考试

（1）知识试卷：它是最传统的一种方式，但仅能评估一小部分，主要包括选择题、问答题、判断题等一些题目类考评。

（2）案例分析：这里案例的设计比较关键，上课讲师的内容讲解、相配套的案例佐证，都需要与之紧密关联。在进行学习评估的时候可以将该案例列入考试范畴，用试卷的回答情况来确定学员的掌握效果。案例既可以是公司过往发生的、有代表性的，也可以是未来可能发生的事件。

笔者曾经供职的一家公司对一批优秀班组长进行培训的时候，设计的试卷满分100分，其中有80分为案例分析，涉及6个大题的八大管理技能知识点，基本上将各个部门存在的问题点都涵盖了进去，而且问题都是近一年内发生的，非常具有代表性，并且最后还设计了一道题：基于发展需要，公司从800人扩展成1500人，未来要继续扩展到3000人的时候，现场会面临什么问题？该怎么解决？这些案例就是从公司的现实中提炼出来的。根据学员对问题的回答情况，不仅可以体现考试成绩，筛选出具有前瞻性眼光的员工，也能够用于接下来的实际工作，让考试和工作紧密相关。

2. 实际操作

（1）角色扮演：让学员代入相关角色，模拟工作中的实际情景，给出解决问题的有效对策。

（2）现场操作：让学员在现场进行实地检验，验证其操作的掌握程度与熟练性。

第 4 节

四个维度设计行为评估

一、行为评估程度

关于行为评估，要秉承四个原则。

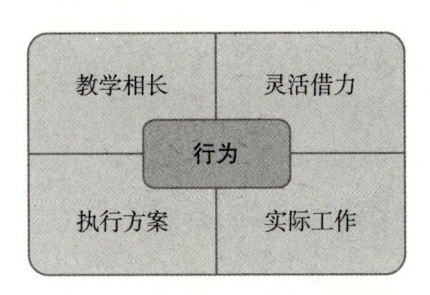

图5-6　行为评估设计的四个原则

1. 教学相长

是指让学员将现学的东西教会别人。笔者曾经在设计基层干部基层管理技能课的时候，让学员自己做一份工作分解表，根据他们在课程中所学的工作教导技能，回到部门，现场教会一名学员，并且保证这名学员学会后还能教会别人。

2. 灵活借力

教会学员在实际工作中行为自己无法掌控、需要别人配合时，灵活运用别人的力量来推动行为的实施。

3. 实际工作

培训就是用来解决问题的，学员学会一个技能后，是不是运用到了实际的工作中？例如，学员刚参加过绩效指标提炼的学习，正好公司有这方面的需求，学员则可以通过学习，进行某个岗位绩效指标的提炼，再看能提炼出多少份合理的绩效指标，如果都能做好，也就代表他学会了。

4. 执行方案

它是更高层面上的行为评估。一些管理类的培训、大的系列课程的培训，内容非常多，除了一个个点，还有一个个系列。就像本书一共有 10 个章节，将整个培训管理的内容都设计了进去，在学完这些课程之后，每 1 章节都要对应生成执行方案运用于实际工作中。

假如再有管理类、工程师的培训，则都可以按照这样的思路进行设计，执行方案设计通过后可以立刻运用于当下要做的工作，也可以运用于接下来即将要做的工作。

二、行为评估方式

结合以上的四个维度，在实际工作中应该输出怎样的评估方式呢？

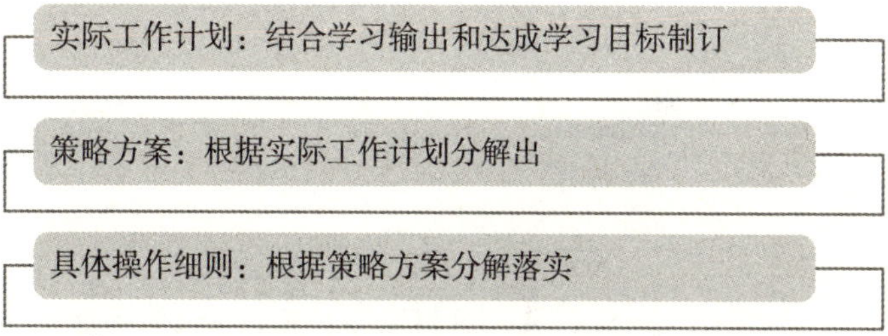

第五章 培训评估方式设计的操作细则

- 实际工作计划：结合学习输出和达成学习目标制订
- 策略方案：根据实际工作计划分解出
- 具体操作细则：根据策略方案分解落实

图5-7 培训评估输出

第一，结合本次培训的学习输出和必须要达成的学习目标，让学员制订出实际的工作计划。培训管理者可以提前要求讲师布置学习输出项目，将实际工作中所要解决的问题和培训目标进行有效的结合，生成实际的工作计划。

第二，让学员根据生成的实际工作计划，将其分解成能达成的策略方案，并进行详细的描述。

第三，根据详细的策略方案，将其分解成能够落地的具体操作细则，即 SOP，它是一个非常明确的标准。

其中，工作计划是个大的结果，只有在一段时间之后才能查看达成与否，它侧重于结果的跟踪，但忽略了过程。策略方案稍好，操作细则就更加具体，从什么人、什么时间、什么地点、做什么事、用什么方式做、怎么做、做到什么程度几个方面进行了详细的描述。行为评估就是要以操作细则为标准，且是基于学习目标和培训目的生成的操作细则，是能够解决实际工作问题的。

依照这样的方式进行的行为评估不仅准确、简便，还轻松，将大的工作计划拆分为每周、每天的小计划，更便于培训管理者的过程跟踪和实际落实，更能通过日常工作的关联发现其中的问题。

第 5 节

两个思路设计效果评估

一、效果评估设计要素

效果评估直接取决于行为评估，行为评估已将与工作目标相关联的具体行为输出细化成了操作细则，那么效果评估时做一个总结，培训管理者不用看每天的具体数据和过程，只要根据实情就能检查结果。

那么，效果评估到底应该怎么设计呢？

图5-8 效果评估设计的两个思路

1. 以终为始

培训目标有没有达成？达成的即为有效果的。例如，培训目标是通过参加销售类课程增加 30% 的销售订单。在行为评估时，就可以"设计增加 30% 的销售订单，需要做哪些工作、过程中要有哪些行为"等。培训管理者在过程中要对这些进行跟进，效果评估时直接看结果是否增加了 30% 即可，不必看每天的数据。

2. 结果证明

之前提到的员工发展小组，其培训的大目标是员工发展小组成员中的管理者在一年内培养出一名合格的下属。效果评估就是在一年到期后，对他们培养的下属进行考评。如果下属的考核合格，则培训目标即达成；如果下属的考核不合格，则培训目标未达成。

还有一项培训目标是所有参加员工发展小组的成员根据自己的职业规划，能够在一年内提升一级并自发自主地学习。学员是否自发学习，可以根据过程中的行为进行评估，如果过程中学员都是自发自主学习，那结果就是达成的。职务升一级的目标也可以用结果来评估，一年时间到了，有没有升职、能力有没有提升，很轻松就能判定出来。只要行为评估做得好，效果评估就非常简单。

二、效果评估方式

具体可以从两个维度进行效果评估。

问题结果	技能评鉴
·业务运营量化数据目标 ·素质行为明确转变展示	·通用素养技能等级提升 ·专业技能等级提升

图5-9　效果评估的两个维度

1. 问题结果

业务运营量化数据目标：如上文提到的销售订单增加30%。

素质行为明确转变展示：如上文提到的员工发展小组成员是否具备自主学习的素养。

2. 技能评鉴

通用素养技能等级是不是有提升、专业技能等级是不是有提升。

由此可见，人力资源的六大模块紧密相关，每个模块都涉及对人员的"选、用、育、留"，做通任何一个模块都可以做通整个人力资源。培训规划也是根据人力资源的规划得来的，培训过程的学习评估就是考核的一部分，培训效果评估的依据就是培训目标，做好培训过程中的学习激励，将整个培训做好，就可以做通所有的人力资源模块。那么，培训过程的考核到底应该怎么做呢？

三、培训管理中的考核原则

考核项目	目标值	权重	积分原则	上下限
• 主要和次要 • 正向和负向 • 管理和个人	• 以终为始 • 难度适合	• 主次原则	• 区间分布 • 差距适中	• 公司极限 • 个人极限

图 5-10　培训管理中的考核原则

1. 考核项目

考核项目分为主要项目和次要项目，有些主要项目可以重点考评，次要项目可以减少考评或是不考评。一次培训涉及的点非常多，没有必要将每个点都用于考核项，以 100 分为限，根据培训的目的，重要的项目可以设计占比 90%，次要的项目可以设计占比 10%。

考核项目还分为正向考评和负向考评，也就是加分项和减分项，可以分别根据实际情况进行设定。管理类的考核中可以加入一些管理性质的指标，如接班人的培养；个人类的考核中则可以多设计个人专业技能方面的指标。

2. 目标值

设定目标值时要以终为始，根据个人想达成的目的进行设计，多少分及格、多少分晋升，设计时难度要适中。笔者第一次对班组长的培训进行考核时，想从 10 个人当中选拔 6 人，虽然知道这些人的基础比较差，但为了打击有些人的骄傲自满情绪，特地将试题出得比较难，结果最好的才考了 50 多分，选拔时假如以 60 分为合格线，那么没有一个是合格的，后来调整了目标值，才达到了我们的目的。所以在操作中一定要根据实际情况灵活变通。

3. 权重

要依据主次，将重要的项目和知识点的权重设置得多一些，次要的项目和知识点权重设置得少一些。

4. 积分原则

区间分布要合理。设计试卷或评估项目时要以培训的目的为主、差距适中，确保在最终评估时分数能拉开。

5. 上下限

例如，在试卷设置时，除试卷本身的 100 分外，另设附加题 20 分，用于拔高学员思维及考核他们对培训的内容是否有深层次的理解，并根据公司所能承受的极限范围和个人所能达到的水平，让学员进行挑战，使他们知道自己的极限在哪里。

案例智库　员工发展小组的评分规则

表5-1　员工发展小组规章制度

NO.	项目名称	内容及细则
1	课程安排	每半个月左右一次，每次2h 课程分为三类：A. 心态类；B. 知识类；C. 技能类 课程形式分为四种：1. 课堂授课培训；2. 案例分析讨论；3. 观影；4. 户外研讨
2	学时规定	填写签到表，并按照课堂时间同等换算为学员培训学时
3	请假规定	提前一天请假，须经过小组组长或副组长批准，未请假视为旷课
4	课堂纪律	课堂上手机需要调成振动或静音，手机不许发出铃声 课堂上如需要外出或接打电话，须先向讲师请示，得到许可后方可离开或接打电话 除课堂讨论外，禁止大声喧哗、交头接耳
5	作业提交规定	作业需要在规定时间内提交，晚提交一次扣除1h培训时间 欠交一次，扣除当月培训学时，且当月考核中的课堂表现分减10分
6	奖励规定	取季度积分前3名、年度积分前2名提报奖励，其中： 季度前3名由某总颁发季度优秀学员证书，并优先享有职等职级、职位晋升等权益 年度前2名由某总颁发年度优秀学员证书，并优先享有职等职级、职位晋升等权益
7	积分规则	每季度考核一次，年度积分取该年度平均分，季考核得分具体如下： **考核得分 = 主管评分（20%）+ 课堂表现（20%）+ 出勤（10%）+ 其他员工评价（20%）+ 作业评分（30%）** 主管评分： （即该员工的日常工作配合度、日常纪律遵守、工作业绩，由员工的直接上级打分）

续表

NO.	项目名称	内容及细则
		特别优秀20分，优秀18分，良好16分，尚可12分，较差8分，很差4分 课堂表现： （即该员工的课堂活跃度、回答准确性、纪律遵守情况，由讲师和小组负责人打分） 特别优秀20分，优秀18分，良好16分，尚可12分，较差8分，很差4分 出勤： （由小组组长根据实际出勤情况打分） 满分10分，每请假一次扣2分，每旷课一次扣5分，每迟到早退一次扣3分 其他员工评价： （取5名员工不记名打分，取平均值，由员工周边的同事打分） 特别优秀20分，优秀18分，良好16分，尚可14分，一般11分，较差7分，很差3分 作业成绩： （考试满分30分，由讲师打分） **每次课程结束后，积分会在一周内在组内QQ群共享文件中公布详情**
8	除名规定	季度内累计两次未提交作业 季度内累计旷课两次及以上 其他严重违反小组规定或公司规定的情况

1. 每季度考核一次，将四个季度的分数汇总，取平均分作为年度积分。

2. 每季度评分包括对学员工作态度和工作能力的评分，主管需要从问卷和绩效的结果中对每个下属进行实际的评估。

3. 项目评分包括课堂表现、出勤、其他员工的评价及作业的成绩，各自按不同的权重进行分配。作业则是以具体的案例为主，代入实际工作中，给出详细的操作思路。

4. 主管评分和课堂表现共分为6个等级，其中工作配合度、工作业绩、日常纪律遵守情况等由该学员的直接主管进行评分；课堂活跃度、问题回答准确性、课堂纪律遵守情况，由讲师或小组负责人进行评分；出勤情况由小组负责人进行评分。

5. 其他员工评价则利用360度评估的方式，由该学员周边的同事进行评分后取平均值。为了拉开差距，设计分数时要与主管评分的分值有所差别。

6. 作业成绩属于行为评估和效果评估，由讲师进行评分。

7. 评分完成后，信息公布要及时，所有积分在课程结束后一周内公布、共享。

如果是第一期，为了调动学员的积极性，可以将态度分的权重设计得高一些，但在氛围形成之后，就要根据培训的目的将态度分相应减少。

第五章 培训评估方式设计的操作细则

表 5-2 第一期第一季度评分表

NO.	工号姓名	细节决定成败 出勤	细节决定成败 课堂表现	细节决定成败 作业评分	案例分析 出勤	案例分析 课堂表现	案例分析 作业评分	质量意识 出勤	质量意识 课堂表现	质量意识 作业评分	案例分析 出勤	案例分析 课堂表现	案例分析 作业评分	出勤 10分	课堂表现 20分	作业评分 30分	主管评分 20分	员工评分 20分	合计	名次
1	A		18	0	-2	0	0	-2	0	0	-2	0	0	2	10.8	19.2	19.3	19.5	70.8	12
2	B		20	16		16	0		18	20		18	0	3	17.3	20	17.3	19.4	77	9
3	C		16	18		18	0		16	18		116	0	5	14.8	19	18	17.4	74.2	11
4	D		18	18		16	0		16	20		18	0	10	16.7	21	18.7	18	84.4	5
5	E	-2	0	0		18	0		18	22		20	0	8	16.2	22.5	20	19.7	86.4	1
6	F		18	22		18	0		18	20		18	0	10	18	21.7	16.7	15.6	82	6
7	G		18	18		18	0		18	18		16	0	10	17	21.3	20	17.1	85.4	4
8	H		20	18		18	0		16	18		20	0	10	18	19.7	19.3	18.6	85.6	3
9	I		18	0	-2	0	0		20	0	-2	0	0	3	14.8	22.4	19.3	18	77.5	8
10	J	-3	16	24		20	0		18	22		20	0	2	16.6	23.7	16.7	16.1	75.1	10
11	K		18	20		20	0		16	20		18	0	7	17.7	21	18.7	15.2	79.6	7
12	L	-3	20	22		20	0		18	20		18	0	7	18	23.3	18.7	18.9	85.9	2

113

表5-2是根据评分规则进行的第一季度评分结果：

1. 根据不同的课程和系列，将每个学员对应的分数罗列出来。

2. 根据评分规则设置项目和权重，分别对每一项进行加权平均，得出最后分数。

3. 将所有参训学员的分数汇总在一起，得出总评分表。

4. 根据分数排出名次、及时公布。

明确的规则和严谨的评估有效避免了评分结果的不公和学员的不认可，有效管控了评估的过程。

案例智库　优秀班组长终极课程评定结果

优秀班组长的评估方式：

1. 整个评估分为四大项——现场验收、接班人培养、主管评价和理论成绩。

2. 现场验收占比30%，又细分为6S、效率、质量、作业手法、目视化、人员状态6个小项，这6项日常管理的水平能在一定程度上体现其管理水平的高低。

表 5-3　20××年×月优秀班组长（中阶）最终考核结果

| 部门 | 单位 | 工号 | 验收（30%） |||||| 接班人（20%） | 主管评价（20%） | 理论成绩（30%） | 综合 | 最终排名 |
			6S（10分）	效率（30分）	质量（20分）	作业手法（15分）	目视化（10分）	人员状态（15分）	总计					
制造部	冲压后制程	K08304	6.5	27	18	6.5	7	12	77	75	90	80	80.1	1
医疗	质量	K04205	8	30	18	7	7	12	82	60	100	75	79.1	2
医疗	控制室	K02503	8	30	18	7	7.5	13.3	83.8	70	90	66	76.94	3
医疗	组装	K01836	8.5	27.9	18	8	8.5	11.5	82.4	65	97.5	63	76.12	4
制造部	CNC后制程	K07529	6.5	29.4	18	7	6.5	10	77.4	75	90	62	74.82	5
制造部	CNC后制程	K09877	8	29.4	18	8	7	11	81.4	65	90	57	72.52	6
医疗	洁净室	K04790	8.5	29.1	19	7	7.5	12.5	83.6	50	90	57	70.18	7
制造部	CNC后制程	K06978	8	29.4	18	7.5	8	10.5	81.4	65	90	49	70.12	8

续表

部门	单位	工号	6S（10分）	效率（30分）	质量（20分）	验收（30%）作业手法（15分）	目视化（10分）	人员状态（15分）	总计	接班人（20%）	主管评价（20%）	理论成绩（30%）	综合	最终排名
制造部	CNC后制程	K01872	7.5	29.5	19	7	7	11	81	50	95	44	66.5	9
医疗	二次加工	K04580	7.5	28.8	19	7.5	7	12.5	82.3	50	85	40	63.69	10
制造部	车削	K00002	7.5	29.1	19	7	7	10.5	80.1	50	95	29	61.73	11
制造部	车削	K05168	7.5	30	19	7	7	9.5	80	50	95	0	53	12

第五章 培训评估方式设计的操作细则

1. 6S 可以体现该管理者辖区的日常行为，作业手法为该部门的员工是否按照标准的流程操作，分数比例以实际行为结合权重来进行评定及转化。

2. 效率和质量评估来源于一个培训周期内的绩效，分数为该周期内每月的绩效数据加权平均。某个班组长所管辖的小组在这段时间内所达成的目标值是 30，假如达成率是 90%，转化后则为 27 分，如果达成率是 100%，按权重转化则是 30 分。

3. 目视化管理取决于现场的管理情况，人员状态则以实地观察所得的结果为准。可以趁着这些人员不在时，去他的部门观察他下属的工作状态：是积极的还是消极的，是无精打彩的还是精神饱满的，是互相帮助的还是各自为政的？例如，有个二次加工的部门共计 15 人，分为两个小组，笔者在观察他们的工作状态时，发现外面的小组，新老员工搭配默契，老员工对新员工友好，尽力协助，还时不时用一些很温暖的动作来鼓励新员工；在另一个小组里，员工交流的方式也很合善，工作配合度高。于是笔者基于这些实际的现象和行为得出，他们部门的员工状态很好，并给予了相应的分值。

4. 接班人培养是管理类的指标，占比 20%。学习结束后直接评估其接班人的实际水平，用结果来证明是否合格，同时，接班人的考核成绩也是他上司成绩的一部分，两部分互相印证、互相转化，紧密相关。

5. 主管评价是主管对其下属日常的行为评估，占比 20%。评分时要依据每月绩效表单里的行为规范进行，所有评估设计都与工作紧密相关。为了避免近因效应，最少要收集 6 个月内的分数，再取平均值，然后根据权重进行转化。最终分值既可以体现出学员对其主管的认可度，也能让主管尽心培养下属，完成公司人才梯队的建设。

6. 理论成绩占比 30%。其中 20 分为理论知识的单选题、多选题，80 分为案例解答题。案例分析题都是公司各部门近期发生的一些经典事件，或者是公司未来可能会发生的事情，知识点涵盖整个培训的所有关键技能要点。该项是学习评估的一部分，主要是了解学员在课堂上有没有学会、能不能解决问题。

在进行每一项分值设计时，要注意定量的分值要高，重点关注的项目分值要高，这样得出的评估结果不仅能得到公司的认可、各个领导的认可，还可以得到员工的认可；所培养出来的学员也会更加信服培训部门；他们有了一定的实力，在自己的部门内能获得威信；而有理有据的评估方法也更加接地气，让人无法质疑与反驳。

综上所述，设计好评估方式需要注意以下几点：

1. 培训评估不是走走过场、发个调查问卷就能解决的。

2. 各级评估所用的方法和技巧都不相同，要根据实际情况进行灵活调整。

3. 培训管理者要恪尽职守，做好跟课工作。

4. 培训评估后的结果公布要及时，这样才能起到激励作用。

5. 要想确保培训达到效果，四级评估缺一不可。

第六章

学习激励机制的设计思路

第六章 学习激励机制的设计思路

激励机制在整个培训活动中尤为重要，它是内训师制度建设成功与否的关键，如何设计和关联整个培训活动过程中的激励机制需要特别注意。

为什么许多公司找了那么多讲师都不满意？一方面是人选错了，另一方面就是激励机制不合理。有些公司会设计内训师课酬、内训师晋升，但为什么都没有用？是别人不在乎处罚吗？是别人不在乎升职加薪吗？是别人不在乎奖金吗？

怎样才能让别人对激励机制产生兴趣，并持续产生兴趣，需要一环扣一环的设计，方方面面的细节都要兼顾和考虑到。

第 1 节

激励设置的核心宗旨

激励一般分为正激励和负激励两种,也就是常说的奖励和惩罚。设计激励时首先要明确自己的目的:奖是为了什么?罚是为了什么?一般情况下,我们是通过奖励给予动力,调动工作积极性;通过惩罚给予压力,让其配合工作。

那么,奖罚到底应该怎么设置呢?设置激励时,要根据每个人不同的特性和需求把握两点。

怕什么,就罚什么

需要什么,就奖励什么

图 6-1　激励设置的要点

有些公司会设置内训课酬,如 50 元 / 小时、100 元 / 小时,讲完课就兑现,但也没有人愿意来上课。用人部门总是有各种各样的理由,要么说工作忙分不开身,要么认为上课是人力资源部的事。很多时候,钱不一定有用,我们要结合个人需求和痛点来进行设置。

第 2 节

激励设置的注意事项

激励到底应该怎么设置？要想激励对别人产生作用，需要考虑以下几个方面。

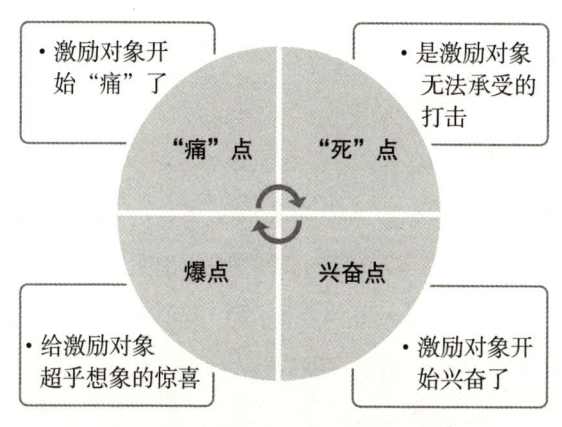

图6-2 激励设置时要考虑的因素

一、惩罚

1. 了解"痛"点：当惩罚（金钱、荣誉、物质、精神）达到了某个点，被惩罚的对象会产生"痛"感，会心里不舒服。

2. 了解"死"点：被惩罚对象不但痛，而且会内心崩溃，这是他无法承受的打击，有些人可能会因此一蹶不振、彻底"蔫"掉，有些人可能会因此狗急跳墙、破罐子破摔。

因此，惩罚的设置要高于"痛"点、低于"死"点，避免极端。

假如一个人的薪资是1万元/月，如果只罚他50元，那他可能会因丢面子而有些不爽，但并不会心疼，如果罚他1000元，他可能会心疼并感觉到痛，但如果一下子罚他5000元，则可能会达到他的极限，让他无法接受，他要么立马反抗，要么开始胡闹，要么从此不再配合工作。

二、奖励

1. 兴奋点：奖励让其意外、有点开心。

2. 爆点：奖励超乎想象、特别惊喜。

假如一个人的薪资是1万元/月，如果奖励他500元，他可能会有点意外，感觉挺开心的，如果一下子奖励他3000元，就可能超乎他的想象，让他无比惊喜、达到爆点。

奖励的设置要在兴奋点以上、爆点以下，太少会让人觉得无足轻重，太多会成为公司的负担。爆点不能长期使用，不然会把人的胃口养大，可更多地用于年终总结、树立标杆等大事的时候。

笔者推行的员工发展小组曾经对一个学员进行的奖励是让他一年内在职务上连升三级，充分调动了该员工的积极性与认可度，达到了他的爆点。当然，选人时也要特别留意，奖励对象本身一定要符合条件，对外公布时要找准合适的时机，顺便做好造势宣传，让大家认可人力资源部的培训结果，以便使更多的人参与进来。

第3节

激励设置须满足三个特性

一、针对性

激励或惩罚的对象要有针对性，要么针对人，要么针对事。

某些时期可以针对学习态度给予奖励，某些时期可以针对标杆人物给予奖励。就像我们前一章设计评估机制时提到的员工发展小组，在最初，为了调动大家的学习积极性，特地将学习态度的权重设置为30%，对学习态度好的学员给予更多的激励，这是对事的奖励；假如公司想通过内训刺激技术人员的学习欲望和学习气氛，就可以着重将对学习技术类课程人员的激励加大，对技术类人员着重激励，这就是对人的激励。

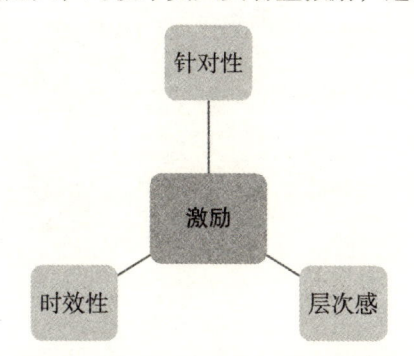

图6-3 激励设计要满足的三个特性

二、层次感

激励要呈阶梯状，不能所有人的激励都一样，营造差距才能不断刺激激励对象遵照要求、达到我们的最终目的。

如前一章提到，在设计评分机制时，可以分别设置针对季度优秀学员的激励、年度优秀学员的激励，区分出档次。随着培训的深入、难度的增加、对公司贡献值的增加，激励也要逐步增加，不断吊足激励对象的胃口，这样才能更好地达到目的；反之，惩罚也是一样。

三、时效性

不管是激励人，还是激励事，在激励时一定要考虑激励效果，及时激励。

笔者举行了线下TTT训练营，在批改课件开发的作业时，有一位学员做得比较好。笔者改完后立刻在群里点名表扬并@其本人：某某在此次作业中表现优秀，某个地方做得很好，希望大家像他一样学以致用。这个小小的表扬极大地激发了学员的积极性，接着，各学员陆续提交作业，还有学员特地要求找该学员的作业参照。

及时激励不仅可以让被激励者开心，又能顺势调动其他学员的积极性，激励在合适的时机、合适的场合，以合适的方式展现出来，才能更好地达到我们想要的效果。

第 4 节

激励设置的四种方式

激励设置有四种方式：

·金钱：各种奖金、补贴、课酬，即与钱相关的。

·物质：如带有公司 Logo 的杯子，写上祝福语等。

·荣誉：授予特殊称号如优秀员工、优秀讲师等。

·精神：给予公开的表扬、提供表现及学习的机会，使其获得个人认同感、成就感等。

图 6-4　激励设置的四种方式

工程部的一个老师比较乐意分享，又享受这种讲课的感觉，而他对自己的长远规划也是培训、咨询方面的，所以从个人角度出发，他有这个需求，多给他安排讲课就是一种激励，他也会特别配合。

　　作为培训管理者，要充分评估公司当下都有哪些资源、激励设置时能提供什么、个人权限又有哪些，不管是总监还是经理，不管是主管还是专员，都要依据实际情况进行设计。

　　那么，在每一个评估阶段，激励到底应该怎么设置呢？

第5节

反应评估阶段的激励设置

一、激励设置方式

反应评估阶段的激励,更多是为了激发学员的学习兴趣、调动讲师授课的积极性。

反应评估在整个培训中的贡献值不高,根据公司实际情况,一般可将权重设置在 5%~20%。

这里需要注意权重设置,应根据公司阶段性的需要进行适当调整:当培训为零基础(没有人愿意学也没有人愿意教)时以正激励为主,这样才能调动大家参与的积极性,即便有负激励也只能虚张声势,不能真罚。反应评估时期要多以荣誉激励为主,这个阶段在整个激励中占的比重较轻。

目的	权重	注意事项
• 激起学员学习兴趣 • 调动讲师授课积极性	• 占5%~20%	• 根据公司阶段需要适当调整权重 • 零基础时以正激励为主 • 以荣誉激励为主

图6-5 反应评估阶段的激励设置

刚开始推行培训时情况比较特殊：大家都没有学习的欲望。为了调动大家学习的积极性，可以将反应评估的权重设置为30%，当学员学习积极性尚可、讲师授课热情不足时，就可将学员的权重适当降为10%，讲师的权重适当升为30%~50%。灵活调整，才能更好地达成目的。

二、操作方法

具体的操作可以从两个方面入手。

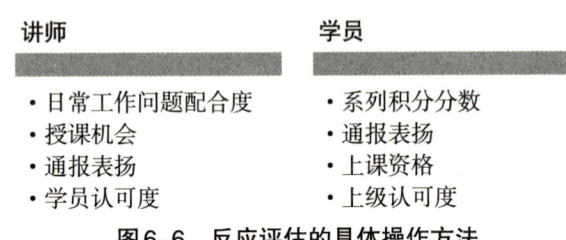

讲师	学员
·日常工作问题配合度 ·授课机会 ·通报表扬 ·学员认可度	·系列积分分数 ·通报表扬 ·上课资格 ·上级认可度

图6-6　反应评估的具体操作方法

1. 针对讲师，可从以下几个方面进行激励

（1）日常工作问题配合度：培训部门或负责人在自己的权限内，又是该讲师关注的事可以优先处理的，优先处理。

（2）授课机会：对于喜爱表现、喜爱分享、学员反馈好的讲师，可以多给其提供授课机会。

（3）通报表扬：对于好面子的讲师，可以多在公开场合给予表扬。

（4）学员认可度：学员对讲师的认可度能增加讲师自身的成就感，也是对讲师的一种奖励。

例如，有个体系部门的讲师要在全公司推行体系，需要大量收集各部门的数据、提供相关档案，如果该讲师在培训过程中配合得好，我们就可以及时提供档案，帮助其收集相关资料；如果不配合，那就按照流程走，无形中放慢了他工作的速度。我们可以根据权限灵活掌握，有时候,很多事情可以自己弹性处理。与人方便,与己方便。

到了年底需要进行培训预算申报、完善培训调查表时,对于在平时培训中配合的部门主管可以主动帮助协调、协助完善,对于不配合的部门主管,则可以找个理由推拖。

2. 针对学员,可从以下几个方面进行激励

(1)系列积分分数:即积分考核时对应的相关分数,学习跟踪每个阶段对应的分数。

(2)通报表扬:对于学习态度积极的学员给予公开表扬、通报宣传。

(3)上课资格:对于爱学习的学员可以多提供上课的机会。

(4)上级认可度:学员学习结果好能增加上级的认可度,获取更多的晋升机会。

培训过程中,不要让所有想学习的人都来上课,要有选人标准,及时淘汰一些态度不好的人,在他们态度转变时才提供机会。在进行学习评比时,由于是全公司的部门之间互相评比,通报表扬除了能激励学员本人以外,同样也能激励部门主管——如果该部门学员整体成绩不好,也会影响其领导的形象。

第 6 节

学习评估阶段的激励设置

一、激励设置方式

目的	权重	注意事项
・激发学员深度理解的欲望 ・调动讲师备课的积极性	・占15%-30%	・根据公司阶段需要适当调整权重 ・零基础时以正激励为主 ・以荣誉和精神激励为主

图6-7　学习评估阶段的激励设置

学习评估阶段激励的目的，是激发学员对知识和技能深度理解的欲望，调动讲师备课的积极性。只有讲师积极备课、做好课程设计、提前备好各项课程资料，讲授的知识才会更加深入，学员才能深度理解。

学习评估阶段的权重，可根据公司情况，设置在 15%-30%。

需要注意的是，权重要根据公司所处的阶段适当调整。假如发现该阶段学员挺喜欢学习、讲师也挺喜欢上课，但一到考试就考不好，结果发现原来是讲师嫌麻烦，只上课、没备课，课程没有营养，学员吸收不好，那就可以根据此阶段的情况，调整讲师奖励的权重比例，如有资料多少分、没资料多少分、有案例多少分、没案例多少分，等等。同样，培训零基础时要以正激励为主，在该阶段可以从荣誉激励和精神激励两个方面入手，还可设置部分课酬。

二、操作方法

具体操作可以从两个方面入手：

讲师	学员
・日常工作问题配合度 ・授课机会 ・通报表扬 ・学员考试成绩 ・课酬	・系列积分分数 ・通报表扬 ・上课资格 ・上级认可度 ・输出行动改善方案

图6-8　学习评估的操作方法

1. 针对讲师，可从以下几个方面进行激励

前4项与反应评估设置的激励相同，不再赘述，这里着重讲解新增的第5项，课酬。

适当设定并及时兑现课酬，对讲师的付出给予肯定，更能增加讲师的积极性，课酬可设置为阶梯形课酬。例如，部门级30-50元/小时，公司级100-200元/小时。

2. 针对学员，可从以下几个方面进行激励

前4项与反应评估设置的激励相同，不再赘述，这里着重讲解新增的第5项，输出行动改善方案。

因培训本身就是帮助解决问题的，所以给予解决问题的方案也是一种激励。

笔者最早组织培训时，一线的班组长根本不愿意参加。经过调查了解发现，他们的痛点是员工离职率太高，有的员工来了几天就离职，有的是刚培养好就离职，直接影响了整个小组的工作进度，让他们特别头疼。他们当下正常的工作任务都无法完成，组织培训肯定不愿意参加。

了解了他们的痛点后，我们调整方向，让他们参加 TWI 中工作关系/工作改善的技能培训，帮助他们找到了员工离职率高的原因，主要是工作方面的效率低、工作压力大，以及批量进新员工时没时间教人，或者现场人员教的方法不对、工作产出不行等。

在培训时，我们就重点教其快速教人的技能、提升工作效率的技能，并让其做出行动方案、解决这些问题、做好员工留职，这个解决痛点的行动方案本身就是一个激励。如果只讲角色认知，他们肯定没"感觉"，不愿意参加培训。

第 7 节

行为评估阶段的激励设置

一、激励设置方式

行为评估是整个评估体系设计中的重头戏,如果想把培训转化落地、做好培训效果评估,行为评估特别关键,为了保证行为评估的顺畅执行,行为评估中的激励设计尤为关键。

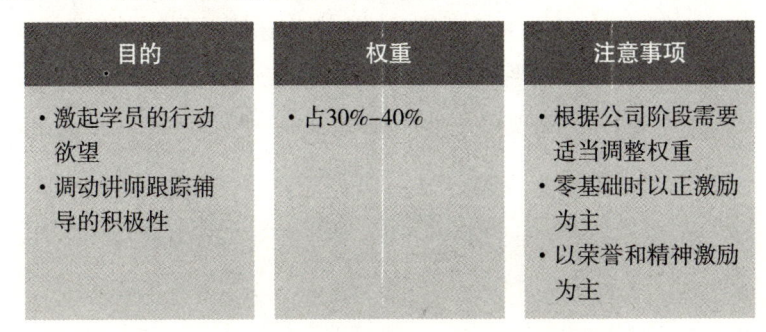

目的	权重	注意事项
·激起学员的行动欲望 ·调动讲师跟踪辅导的积极性	·占30%-40%	·根据公司阶段需要适当调整权重 ·零基础时以正激励为主 ·以荣誉和精神激励为主

图6-9 行为评估阶段的激励设置

行为评估激励设计的目的,是激起学员的行动欲望、调动讲师跟踪辅导的积极性。

行为评估的权重可设置为30%-40%。

行为评估的权重,也要根据公司阶段需要进行适当调整,培训零基础时仍要以正激励为主,主要还是从荣誉激励和精神激励两个层面进行。

二、操作方法

具体的操作可以从两个方面入手：

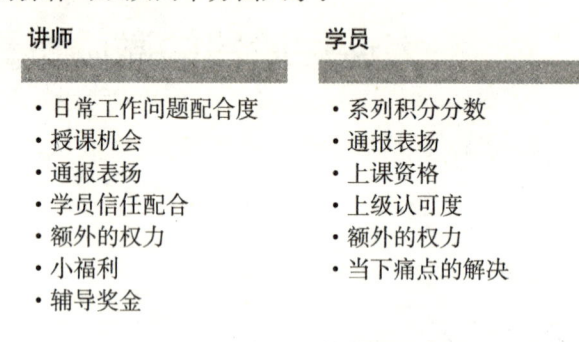

讲师	学员
·日常工作问题配合度 ·授课机会 ·通报表扬 ·学员信任配合 ·额外的权力 ·小福利 ·辅导奖金	·系列积分分数 ·通报表扬 ·上课资格 ·上级认可度 ·额外的权力 ·当下痛点的解决

图6-10　行为评估的操作方法

1. 对于讲师，可从以下几个方面进行激励

前3项与反应评估和学习评估设置的激励相同，不再赘述。

（1）学员信任配合：之前员工发展小组的体系老师想在部门做标杆，选题时没人配合。他在授课时，就将曾经小组设计的问题分析与解决题目改为与其工作相关的QCC改善方案，体系成熟后，送到外地学习半年，学完之后回来作为内训师对他进行激励。但在做这个项目前，有些员工对他是不服气的。因为他做内训师时课程讲得还不错，又能帮助学员解决问题，从而获取了学员的信任，之后，学员对他的工作配合度剧增，这也是对讲师的一种激励。

（2）额外的权力：作为培训讲师，可以通过培训项目的作业布置，巧妙地达成自己工作中的一些目的。例如，员工发展小组的讲师通过作业安排让学员收集整个部门的异常状况。在正常情况下，外部门的人发出这个指令，肯定会有人不配合，但讲师以特殊身份，用作业的名义来要求，也就顺其自然了。

（3）小福利：对课程质量高、配合度好的讲师额外给予一些小福利。

（4）辅导奖金：对给予学员辅导、帮助学员提升学习效果的讲师给予适当奖金，激发积极性。

2. 对于学员，可以从以下几个方面进行激励

前4项与反应评估和学习评估设置的激励相同，不再赘述。

（1）额外的权力：例如，公司的储备干部想制作一份当下最忙工作的SOP，正常情况下这应该由工程部负责完成，但工程部的人员能力欠缺、做不出来，他想让现场的人来做，又没有权力，但作为老师，他就可以借着布置作业任务，要求现场一线人员来做。当每个学员基于当下最忙的工种做出工作分解表后，还可以要求他们做成详细的SOP、小视频等，并在公司内大肆宣传。这样，一切也就名正言顺、理所当然了。

（2）当下痛点的解决：上面所讲的工作分解表和SOP，做好后可以直接用于新员工培训，可以很好地帮助他们解决当下的难题，这对于他们也是一种激励。

第8节

效果评估阶段的激励设置

一、激励设置方式

目的	权重	注意事项
• 激起学员再次学习的欲望 • 调动讲师再次授课的积极性	• 占30%-40%	• 根据公司阶段需要适当调整权重 • 零基础时以正激励为主 • 以荣誉激励为主

图6-11 效果评估阶段的激励设置

效果评估阶段设置激励的核心目的，是激起学员再次学习的欲望，调动讲师再次授课的积极性。当一个培训周期结束后，需要做阶段性总结，对于优秀的要给予激励，激发学员再次学习的欲望和讲师再次授课的欲望，才能最大化地扩大影响。

效果评估的权重占比可设置在30%-40%。

同样，权重要根据公司阶段需要进行适当调整，零基础时仍以正激励为主，并多以荣誉激励为主。

二、操作方法

具体的操作可以从两个方面入手。

讲师	学员
・日常工作问题配合度	・系列积分分数
・授课机会	・通报表扬
・通报表扬	・上课资格
・学员信任配合	・上级认可度
・额外的权力	・额外的权力
・辅导奖金	・当下痛点的解决
・升职加薪	・升职加薪

图6-12 效果评估的操作方法

1. 对于讲师，可以从以下几个方面进行激励

前5项与行为评估设置的激励相同，不再赘述。

（1）辅导奖金：在这个阶段可以设置导师制奖金，并在每个阶段总结时发放，激励过程中从小到大，分层增加及发放，并要考虑发放的及时性，最大化地发挥激励作用。

（2）升职加薪：对于态度好、配合度高、讲课优的讲师，要优先考虑给予升职加薪的机会。

2. 对于学员，可以从以下几个方面进行激励

前6项与行为评估设置的激励相同，不再赘述。

升职加薪：学员培训后效果好、有价值产出，可作为升职加薪的条件。

案例智库 员工发展小组学习项目激励

反应评估
- 讲师——协助解决问题、提高其个人影响力
- 学员——积分内部通报、辅导机会

学习评估
- 讲师——协助解决问题、提高其个人影响力、推动手头项目实施
- 学员——积分内部通报、辅导机会、生成当下痛点解决方案

行为评估
- 讲师——提升个人能力、推动手头项目实施、树立个人威信
- 学员——积分内部通报、辅导机会、协助解决当下痛点问题

效果评估
- 讲师——提升个人能力、收获领导力、获得上级认可、获得更多权力
- 学员——积分内部通报、再次学习资格、证书合影、能力提升、调岗机会、升职加薪参考

图6-13 员工发展小组学习项目激励

1. 反应评估阶段

对于讲师：协助解决工作问题、提高其个人影响力。

对于学员：给予比较上进好学的学员一对一辅导的机会，并将学习积分在公司内部公开通报。

2. 学习评估阶段

对于讲师：协助解决工作问题、提高其个人影响力，并帮助其推动手头项目实施。

对于学员：提供辅导的机会、将学习积分在内部公开通报表扬，并针对个人痛点帮助其生成解决方案。例如，协助学员做职业规划指导、明确其职业发展道路。

3. 行为评估阶段

对于讲师：通过授课提升个人能力、推动手头项目实施、树立个人影响力和威信、让学员高度认可，并愿意配合工作。

对于学员：提供辅导机会、将学习积分在内部公开通报表扬、协助学员解决当下痛点问题。在没有奖金、没有资源时，多从荣誉和精神层面进行激励。

4. 效果评估阶段

对于讲师：提升个人能力、收获领导力、获得上级认可、获得更多权力。

对于学员：可以给予调岗机会、证书合影、再次学习的资格、学习积分通报表扬，表现优异者还可升职加薪，在将晋升与培训关联后，优先安排其参加有晋升性质的培训。例如，曾经有个一线的小伙子一直想到技术部门工作，因学习表现突出、配合度高，学习结束后就被优先安排了调岗，这个及时的激励极大地调动了他的工作积极性。

案例智库　基层干部项目学习项目激励

反应评估
- 讲师——协助解决问题、提高个人影响力
- 学员——积分全公司通报、辅导机会、下次学习机会

学习评估
- 讲师——协助解决问题、提高个人能力、个人影响力、课酬
- 学员——积分全公司通报、辅导机会、下次学习机会、生成当下痛点解决方案

行为评估
- 讲师——提升个人能力、推动手头项目实施、树立个人威信、小福利
- 学员——积分全公司通报、辅导机会、下次学习机会、协助解决当下痛点问题

效果评估
- 讲师——提升个人能力、收获领导力、获得更多权力、升职必要条件、加薪参考、荣誉证书
- 学员——积分全公司通报、再次学习资格、能力提升、调岗机会、升职加薪

图6-14　基层干部项目学习项目激励

1. 反应评估

对于讲师：协助解决工作问题、提高个人影响力。

对于学员：提供辅导机会、下次再学习的机会，并将学习积分在公司通报表扬。

2. 学习评估

对于讲师：协助解决工作问题、提高个人能力和影响力、给予适当课酬。

对于学员：提供辅导机会、下次再学习的机会，积分全公司通报表扬，并针对其痛点帮助生成解决方案。

3. 行为评估

对于讲师：提升个人能力、树立威信、协助其推动手头项目的实施、给予小福利。

对于学员：提供辅导机会、下次再学习的机会，积分全公司通报表扬，并针对其痛点帮助生成解决方案。

4. 效果评估

对于讲师：提升个人能力、收获领导力、获得上级的认可、获得更多权力、作为升职加薪的必要条件、发放荣誉证书等。

对于学员：学习积分在公司内部通报表扬、提供再次学习的资格、能力提升的机会、优先考虑调岗的机会、作为升职加薪的参考依据。

培训过程中，有些激励可以向大家委婉暗示，让大家明白这些激励和成果是通过培训才能得到的，如晋升、调岗、额外特权等，让激励真正起到作用。

综上所述，做好学习激励需要注意以下几点：

1. 学习激励绝对不是给点钱就行，要针对每个人的痛点和需求进行设置。

2. 学习激励要结合公司资源和个人权限，要符合三大特性。

3. 每个阶段的激励方式都不一样，不能千篇一律，要结合实际进行灵活调整。

4. 当培训流程步入正轨，要及时做好制度规范，形成体系化文件，便于以后的推行。

第七章

培训计划制订的操作步骤

第七章 培训计划制订的操作步骤

培训计划是将前面所有内容进行汇总输出，它在整个培训过程中尤为重要，如果这个环节出了问题，则会导致整个培训项目的失败。你可能会发现，培训的相关人员选好了、机制设置好了，学员却没时间来上课；时间确定好了，却没有场地；场地有了，培训的时候，发现缺东少西……

怎么确保培训计划的合理？怎么保证培训计划的落地？从零基础开始搭建培训体系，可以将培训看成一个项目，用项目的形式做培训计划。

第 1 节

培训计划的四个步骤

制订培训计划时应该依据确定立项、编制计划、评审计划、发布计划四个步骤进行,那具体的每项都有哪些细节,每个步骤应该怎么操作,都有哪些问题点呢?

确定立项 ➡ 编制计划 ➡ 评审计划 ➡ 发布计划

图7-1 培训计划的四个步骤

第 2 节

确定立项的五个步骤

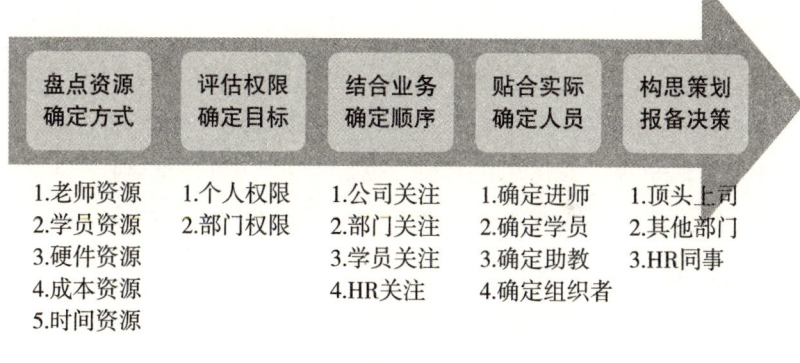

盘点资源 确定方式	评估权限 确定目标	结合业务 确定顺序	贴合实际 确定人员	构思策划 报备决策
1.老师资源 2.学员资源 3.硬件资源 4.成本资源 5.时间资源	1.个人权限 2.部门权限	1.公司关注 2.部门关注 3.学员关注 4.HR关注	1.确定讲师 2.确定学员 3.确定助教 4.确定组织者	1.顶头上司 2.其他部门 3.HR同事

图7-2　确定立项的五个步骤

一、盘点资源：根据盘点所得的资源确定培训方式

当接到一个培训项目时，不管是大项目还是小项目，都要进行以下盘点。

1. 讲师资源：是用公司内部的讲师，还是用公司外部的讲师？是用讲师型讲师，还是用辅导性质的讲师？都需要提前规划清楚。

2. 学员资源：学员当下的素质和硬性条件如何、适合哪一类的培训，也要提前确定好。

假如公司要进行技术类的培训，没有相关的技术人员，讲师来讲课就没有意义，零基础的学员无法快速掌握技能、产出业绩，公司就不能获得相应的培训效果。

笔者之前所在公司在进行 TWI 项目培训的时候，学员资源匮乏、学历普遍偏低、理解能力受限，中层干部培养就需要花费较大的代价，培训时只能以体验式培训、扭转思路为主。在学员没有思维、没有技能、没有知识时，设计系统班手把手带教，进行知识讲解、技能辅导、跟踪练习等。而对于学历高、理解能力好的学员，提供相应的思路即可，可以少花很多教导的时间。不同的学员资源要求我们在做培训计划时要考虑使用不同的培训方式。

3. 硬件资源：多指培训场地及与培训相关的设备等。

拓展、体验式培训一般需要一些道具，假如公司没有相应的场地和道具，就无法在内部完成培训，这时要改变培训方式，要么自己买道具，要么跟外部的培训公司合作。

一场大型讲座需要在礼堂等大型场地进行，另外要配备较好的音响营造氛围。如果公司没有这种场地，外面短期内也找不到，硬件资源不足，那这种培训方式也是不适合的。

4. 成本资源：即准备为这场培训花多少钱。预算的多少直接决定培训的效果。

5. 时间资源：这个资源最容易被忽略掉。很多培训负责人在做培训计划时没有全面权衡，没有考虑这个培训需要花费讲师、学员、培训管理者多少时间，以至于在预期的时间内达不到效果。培训一名"小白"和培训一名有经验的学员所花费的时长肯定是不一样的，对应的培训方式也会不一样。

> **案例智库**　TWI 培训项目

上文提到的 TWI 培训项目，公司当时要求在几个月内把基层管理人员的能力彻底提升一级，几个月内在公司复制出几十名一线干部。

这种常规的培养正常需要若干年时间，如果找外部资源，不仅花费巨大，结果可能还不理想，采用小班辅导制的形式也未必可行。依据公司实情，我们改变了培训方式，用一对一、师父带徒弟和种子发芽的方式培训。

第一批先选择了8名极具潜力、能力优秀、对公司及培训部门较认可的学员。这些学员有些是中层干部，有些是基层干部，有些是专业岗位的储备干部，本身基础也很不错。公司从外部请了讲师，8人为一个训练营，对他们采取小班辅导的形式，用了几个月时间进行强化学习和训练，并让他们在上课的同时每人再开一个8人的训练营，用自己参加培训的方式来培养这8个人，一周一节课，上完后马上代入工作实际，以作业的形式进行练习。作业包含两部分，一部分是理论巩固，做出培训中相应的配套表单和资料；另一部分是用自己做的这些资料，教会他所培养的8个人。就这样，用种子发芽的方式1个培养8个，8个中的每人再培养8个，教学相长，在短短4个月时间内快速培养了一批符合要求的干部。

二、评估权限：确定培训目标

1. 个人权限：在整个培训协调的过程中，专员和总监所能调动的资源和发动的能量是不一样的，要事先评估自己手中的权限，与所定的培训目标是否相符。

例如，公司要做高层的战略规划培训，过程中需要不断和高层沟通、协调，假如培训管理者是个专员，在沟通协调的过程中就可能会出现误差或是高层不予配合，自己作为专员也不敢提要求。此外，权限低的时候能拿出的筹码也不一样，如果培训管理者的级别高，就能向公司申请更多的筹码，并适当将培训目标设置得高一些。

2. 部门权限：如果个人层级较低，就要适当学会合理借用上级部门的力量。

在上文提到的TWI培训项目中，当时笔者面对的参训人员层级较高，还涉及协调上夜班的人员上课，但由于笔者当时的上级——公司副总比较关注这项培训，所以在做这件事的时候，笔者就以副总的名义进行了大量宣传，并合理地借助了部门和公司的力量，进行了合理的调动。

制订培训计划时，要综合考虑实际情况，如果培训组织者的权限低，就要将目标适当定低些，权限高，就要将目标定高些，灵活把握。

三、结合公司实际业务：选择培训的切入点，确定好培训顺序

1. 公司关注：老板和高层关注的。

2. 部门关注：部门领导关注的。

3. 学员关注：参加本次课程学习的学员关注的。

4. HR关注：HR本人关注的。

上文所述的TWI培训项目就是以一线员工的离职率偏高作为切入点。一线员工的工作效率低下，无法正常产出，影响了部门的管理，因此部门比较关注。离职率过高，无法按质、按量、按期交货，引起了客户的投诉，公司也比较关注。离职率太高，HR部门的招聘工作跟不上，被埋怨上岗培训没做好，HR部门也比较关注。学员本身疲于应付，很累，是直接的"受害者"，过多的人员离职也影响了在职人员的士气，所以员工也比较关注。因此，项目符合以上4个关注点。

四、贴合实际：确定培训参与者

1. 确定讲师。

2. 确定学员。

3. 确定助教。

4. 确定组织者。

仍以 TWI 培训项目为例，因是第一次培训项目，需要适当造势，所以特地从外部请了讲师，对第一批 8 名种子人员进行培养。

首先，经过精挑细选，当时的 8 名学员符合潜力高、意愿足、能力好三大特点，并且与 HR 部门的配合度较高。

其次，培训管理者也比较有影响力，符合稳定性强、潜力高、能力优的特点，助教细心、用心，在培训过程中及时做好了对接与跟课，通过课程的学习掌握知识，将外部讲师的课程进行了复制，回来后又作为内部讲师，在公司内部进行类似的培训讲解，极大地降低了之后的培训支出，为公司节省了不少费用。

培训组织者也可以是助教，此外，还可以再找一些配合者，他们不参与具体事情，但作为项目的负责人，要在项目开始时发个言、表个态，在项目过程中做个检查，在项目结束后做做总结和激励。从实际出发，确保符合实际情况，这样培训才不会失控，不然"培训体系搭建"就会成为一句空话。

五、构思策划，报备决策，生成计划

1. 顶头上司。
2. 其他部门。
3. HR 同事。

有些人在计划做好后会先将计划报备给自己的领导，有些人则会先跟自己的部门同事沟通，但这里需要特别注意沟通的先后顺序。针对好面子的领导和同事，要先跟其他部门协调，思路确定好之后再与之沟通；针对放权型的领导和同事，可以先与其沟通，之后再找其他部门。这样做的目的是便于在沟通后修改，以免引起不必要的麻烦。

以上准备工作都做好了，就可以进行计划的编制了。

第3节 编制计划的三种方式

编制计划主要有以下三种方式:

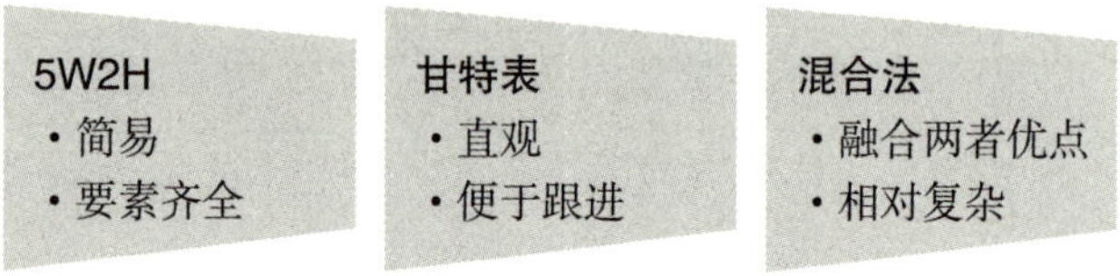

5W2H
· 简易
· 要素齐全

甘特表
· 直观
· 便于跟进

混合法
· 融合两者优点
· 相对复杂

图7-3　编制计划的三种方式

一、5W2H

这是一个要素齐全的简单计划形式,什么人、什么时间、什么地点、做什么内容的培训、课题名称是什么、做到什么程度、培训方式是什么、培训目标是什么,将以上各项罗列清楚。

二、甘特表

用项目管理的方式编制计划,这种方式较为直观、便于跟进,大多是按时间轴来进行排序。

三、混合法

把5W2H和甘特表混合在一起,这种方式适合大型培训,短期的小培训不需要用这种复杂的方式。

案例智库 5W2H方式的培训计划

表7-1 20××年度员工发展小组第一期课程表

NO.	课程名称	课程内容	日期	时间	时间(h)	讲师	地点
1	生涯规划	公司介绍（公司发展史、企业文化、公司的激励体制、公司未来发展前景） 职业生涯规划（社会环境、就业危机、人生定位、职业生涯目标）	×月13日	17:40—19:40	0.5 1.5	高层A 老师D	行政楼多媒体 行政楼多媒体
2	励志	观影《浮城大亨》 自我成长经历介绍	×月26日	17:40—19:40	1.7 0.3	无 高层B	行政楼多媒体
3	细节决定成败	做事的步骤和手法讲解及（案例分析）（布置作业）	×月10日	17:40—19:40	2	老师D	行政楼多媒体
4	案例分析	"细节决定成败"课堂作业研讨与解析	×月24日	待定	2	老师D	待定
5	质量意识	质量意识行为规范及如何影响其他人的观念（布置作业）	×月7日	17:40—19:40	2	老师C	行政楼多媒体
6	案例分析	"质量意识"课堂作业研讨与解析	×月20日	待定	2	老师C	待定

续表

NO.	课程名称	课程内容	日期	时间	时间(h)	讲师	地点
7	励志	高层A给被奖励学员颁奖并合影留念（3名）	×月4日	17:40–19:40	0.2	高层A	行政楼多媒体
		被奖励学员发表获奖感言（1名）			0.1	被奖励学员	
		观影《狂奔蚂蚁》			1.7	无	
8	QCC	QCC改善简介及技巧和方法（布置作业）	×月29日	17:40–19:40	2	老师C	行政楼多媒体
9	有效沟通	沟通的方式和技巧（布置作业）	×月15日	17:40–19:40	2	老师D	行政楼多媒体
10	案例分析	"有效沟通"课堂作业研讨与解析	×月30日	待定	2	老师D	待定
11	案例分析	"QCC"课堂作业研讨与解析	×月13日	待定	2	老师C	待定
12	时间管理	时间管理技巧及如何有效区分事情的重要性和紧急性（布置作业）	×月26日	17:40–19:40	2	老师D	行政楼多媒体
13	案例分析	"时间管理"课堂作业研讨与解析	×月21日	待定	2	老师D	待定
	总结课	小组负责人总结学期成果	×月29日	08:30–09:30	0.2		
14		高层A给被奖励学员颁奖并合影留念（3名）			0.2		行政楼多媒体
		被奖励学员发表获奖感言（3名）			0.4	被奖励学员	
		高层A致结束语			0.2	高层A	

1. 课程名称：不同类别的共计14次课程。
2. 课程内容：课程名称要与培训目标相对应。
3. 日期/时间段：举行培训的日期和上课的具体时间段。
4. 讲师/参训学员：课程的上课讲师和参加培训的学员。
5. 上课地点：培训课举行的地点。

制订计划时要将培训目标与课程表搭配起来，做好提前准备工作，找好对应的讲师、场地，备好培训时所需要的资料、素材。培训结束总结会上学员的发言稿、给学员颁奖的人员、相机等，都要提前准备好，只有提前将计划做好，培训才会更加顺利。

案例智库 甘特表形式的培训计划

表 7-2 20××年下半年年度基层干部培养计划

NO.	项目	×月 批数	×月 人数	×月 时间	×月 批数	×月 人数	×月 时间	×月 批数	×月 人数	×月 时间	×月 批数	×月 人数	×月 时间	×月 批数	×月 人数	×月 时间	×月 批数	×月 人数	×月 时间	学习规划	备注
1	(代)领班	★	19人	18h	★	23人	18h	★	16人	18h	★	18人	18h	★	18人	18h	★	18人	18h	提前一个月报名、统一面试,提前半个月自学,培训1个月考核合格后以代领班身份上岗实习(总周期2个月)	某月至某月合并进行,某月开始系统滚动
2	领班				★			★						★	13人	14h	★	13人	14h	代领班实习2个月后,报名学习,提前半个月自学,培训1个月考核合格后晋升领班(总周期4个月)	
3	(代)副组长							★	15人	14h	★	15人	14h	★	15人	14h				晋升领班半年后,报名学习,提前1个月自学,培训1个月考核合格后以代副组长身份上岗实习(总周期7-8个月)	系统滚动进行

续表

NO.	项目	x月 批数	x月 人数	x月 时间	x月 批数	x月 人数	x月 时间	x月 批数	x月 人数	x月 时间	x月 批数	x月 人数	x月 时间	x月 批数	x月 人数	x月 时间	学习规划	备注
4	副组长/组长	★	10人	14h				★	10人	14h				★	10人	14h	代副组长实习2个月后，报名学习，提前半个月自学，培训1个月考核合格后晋升副组长/组长（总周期4-5个月）	系统滚动进行
5	资深组长				★	8人	18h				★	8人	18h				晋升组长半年后，以参观实习心得及日常工作表现，选拔出参加学习，提前半个月自学，培训2个月后作为副课长候选人储备（总周期9-11个月）	系统滚动进行

总结：
1. 一名零基础的、具有管理潜质的员工，从作业员培养成储备副课长人员，最快需要26-30个月，即2年半左右。
2. 按照50%的人才出线及留存率计算，以每次一批人员计算，一年可为公司培养出合格的领班100名左右、合格的副组长/组长30名左右、合格的副课长候选人15名左右。
3. 如公司有特殊业务要求，则根据实际所需干部人数在每次培训上增加批数即可。

159

1. 培训对象：共分为 5 个层级，分别为代理领班、领班、代理副组长、副组长/组长、资深组长（部门一把手）。

2. 培训时间：按月份滚动，从某月到某月。

3. 培训方式：根据公司所选的人数，按批次进行培养，其中前几个月人数较多，培训计划排得较为密集，后期人员相对稳定。

4. 课程时间：因是小班制教学，共分为 5 次正式课加 1 次总结课。第 1 次课程 6 小时，后面每次课程 2 小时至 3 小时不等，总时长 18 小时左右。组长级课时根据涉及的技能对应总培训时长为 14 小时左右；资深组长因涉及的管理技能较多，总培训时长为 18 小时左右；根据不同的培训对象、培训周期、培训目的和想要达到的培训结果分别设置课时时长。

5. 学习规划：为保证学习效果，储备领班的培养人员要求提前 1 个月报名，进行选拔后才能参加，报名成功后提前半个月将教材等培训资料发给参训学员进行前置预习。培训周期结束、考核合格后，才能以代领班的身份上岗实习。经过不同周期的实习后，再提前报名参加下轮的培训，待培训结束考核合格后，再往上一级上岗实习。整个过程中要建立好培训档案，保证随时可查。

6. 总结：明确培训一批合格的人员需要的周期，再根据相应的留存率和公司发展规划，明确需对应的培训批次。

根据不同的方式，结合培训目的把培训计划输出后，还需要联合其他部门进行评审。那么，在评审计划时都需要注意些什么呢？

第 4 节

评审计划的三个原则

私下沟通原则：留退路、给面子

借势造势原则：给压力、给动力

以退为进原则：伺机而动、迂回前进

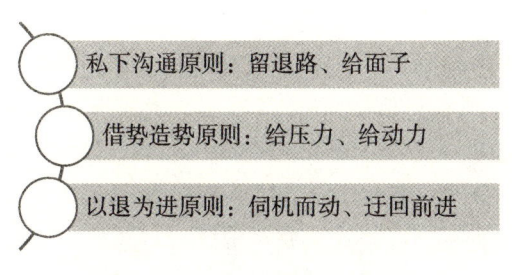

图7-4　评审计划的三个原则

一、私下沟通原则：留退路、给面子

假如培训计划做好后就直接公示，虽然本意是让别人指正和提意见，但如果人家真的提了意见，如甲说没时间参加、乙说课程设置有问题，作为培训管理者的你该怎么办呢？改还是不改？

所以，所有的方案在未定稿前，都要先进行私下沟通，给自己留点退路。对于支持型的人员，可以根据建议对计划进行优化；对于无所谓型的人员，自己合理安排；对于"刺儿头"型的人员，他们的意见听听即可，可以忽略不计。

二、借势造势原则：给压力、给动力

碰到"刺儿头"型的人员，要学会合理借势，并进行适当打压。在前文所提的 TWI 项目中就有一个不配合的部门：涉及学员共 3 人，结果该部门主管抱怨一堆，以各种理由拒不配合，不同意该 3 人参加培训。笔者当时就告诉他，公司花费了近 4 万元组织这个只有 8 人参加的培训，从上到下都很重视，如果这 3 人的 1.5 万元培训费白白浪费，上层领导应该会严厉处理，合理地借着公司势，给他施加压力，让他改变了态度。而对种子人员则要以私下沟通的形式强调公司的重视，暗示以后的机会与平台，给予他们充足的动力。

三、以退为进原则：伺机而动、迂回前进

例如，当时公司培训时碰到了问题，除了现有技能以外，还需要额外增加 20 多门课程的学习，但考虑实际情况，领导最多只能批准学 5 门。于是我们就根据公司需求的紧急程度进行筛选，发现有十七八个比较重要的需要培训，于是只好想办法将它们打包加在被批准的 5 门课程之中，课程时长由原来的 2 小时增加到 7 小时，课程名称改为"优秀班组长八大技能上/下""现场管理上/下"，将我们想要培训的内容全部涵盖，迂回前进，很好地达到了目的。

后来在进行精益生产的培训导入时，又遭到了领导的反对，我们就将其作为附加课，以奖励的形式给学员免费培训，学员学会后应用到工作中，取得了很好的成果，再全面推行时便得到了支持。

第 5 节

正式发行的两个原则

当计划、立项都做好,评审完毕需要发行时,要做好以下两个动作:

明确激励机制	公开发布计划
·提前公开发布 ·适度弹性把控	·特定对象公开 ·特定时间公开 ·特定方式公开

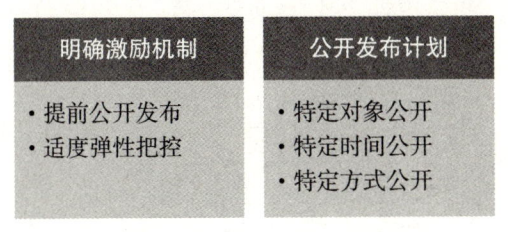

图7-5 正式发行的两个原则

一、明确激励机制

1. 激励机制要提前公开发布

当时在做第三期 TWI 培训时就有规定,凡是连续两次或累计三次不来上课的学员,取消当次参加培训的资格,并在 2-3 年内取消参加此类培训的资格,情况严重的,永久取消其在公司参加培训的资格。因公司当时的晋升必须要经过培训才行,所以提前将流程完善、细则公布,在很大程度上避免了培训过程中一些不该发生的异常。

2. 适度弹性把控

激励有时候不能讲得太透彻。可以说与学员的薪资挂钩,作为某件事的条件之一和重要参考依据,但不要把条件 100% 卡死,要灵活掌握、弹性把控。

二、公开发布计划

1. 选择特定对象公开。
2. 选择特定时间公开。
3. 选择特定方式公开。

例如，在公司的摸底项目——员工发展小组中，前期的计划就不能全部对外公布，只能对员工发展小组的学员、老师和培训管理者公布，但当公司培训体系完善后，就可以对全员公布。公布时，要选大家都能第一时间看到的时机，还要考虑客套话与措辞，如经过与各位主管和领导的讨论沟通，完善后的培训计划如下，如有问题请于××时间前回复。明确告诉大家这个计划是经过讨论的，让人无话可说，并留足时间进行修改。

第七章 培训计划制订的操作步骤

案例智库 现场基层主管年度培训课程安排

表 7-3 现场基层主管培养课程安排（年度）

NO.	代号	班组管理阶段	课程名称	（代）领班 重要程度	（代）领班 技能评分	（代）领班 时间(h)	（代）领班 考核方式	领班 重要程度	领班 技能评分	领班 时间(h)	领班 考核方式	（代）副组长 重要程度	（代）副组长 技能评分	（代）副组长 时间(h)	（代）副组长 考核方式	副组长/组长 重要程度	副组长/组长 技能评分	副组长/组长 时间(h)	副组长/组长 考核方式	资深组长（储备副课长）重要程度	资深组长 技能评分	资深组长 时间(h)	资深组长 考核方式	讲师
1	A1	初级见习	管理意识——角色认知	★	4分	6	笔试																	内训
2	A2		管理意识——质量意识	★	4分	2																		内训
3	A3		TWI核心技能——工作教导	★	4分	6	案例演练																	内训
4	A4		TWI核心技能——工作关系	★	3分	4	案例演练																	内训
5	A5	初级上岗	管理意识——角色认知与沟通技巧					★	4分	6	笔试													内训
6	A6		TWI核心技能——工作改善					★	4分	4	案例演练													内训
7	A7		TWI核心技能——工作安全					★	4分	4	案例演练													内训

165

续表

NO.	代号	班组管理阶段	课程名称	(代)领班 重要程度	(代)领班 技能评分	(代)领班 时间(h)	(代)领班 考核方式	领班 重要程度	领班 技能评分	领班 时间(h)	领班 考核方式	(代)副组长 重要程度	(代)副组长 技能评分	(代)副组长 时间(h)	(代)副组长 考核方式	副组长/组长 重要程度	副组长/组长 技能评分	副组长/组长 时间(h)	副组长/组长 考核方式	资深组长(储备副课长) 重要程度	资深组长 技能评分	资深组长 时间(h)	资深组长 考核方式	讲师
1	B1	中级见习	优秀班组长——八大技能要求理论学习									★	4分	7	笔试+现场验收									内训
2	B2		优秀班组长——现场管理实务理论学习									★	4分	7										内训
3	B3		优秀班组长——八大技能案例检讨													★	4分	5	案例演练+现场验收					内训
4	B4		优秀班组长——现场管理案例检讨													★	4分	5						内训
5	B5	中级上岗	IE基础——生产线平衡													★	4分	1	笔试+案例演练					内训
6	B6		IE基础——人机分析													★	4分	1						内训
7	B7		IE基础——标准工时制订													★	3分	2						内训
8	B8		优秀企业现场参观学习																心得改善					参观

续表

NO.	代号	班组管理阶段	课程名称	（代）领班 重要程度	（代）领班 技能评分	（代）领班 时间(h)	（代）领班 考核方式	领班 重要程度	领班 技能评分	领班 时间(h)	领班 考核方式	（代）副组长 重要程度	（代）副组长 技能评分	（代）副组长 时间(h)	（代）副组长 考核方式	副组长/组长 重要程度	副组长/组长 技能评分	副组长/组长 时间(h)	副组长/组长 考核方式	资深组长（储备副课长） 重要程度	资深组长（储备副课长） 技能评分	资深组长（储备副课长） 时间(h)	资深组长（储备副课长） 考核方式	讲师
1	C1	高级见习	团队建设——高绩效团队打造																	★	4分	6	案例演练+现场验收	外训
2	C2		团队建设——有效沟通与有效激励																	★	4分	6	案例演练+现场验收	内训
3	C3		精益生产——精益生产体系																	★	3分	3		外训
4	C4		精益生产——八大浪费与改善																	★	3分	3		内训
					15分	18			12分	14			8分	14			19分	14			14分	18		

167

1. 培训计划包含技术、工艺、质量、仓库、制造、生产等多个部门。

2. 计划中列明了每个不同的阶段所对应的课程、应该学习的内容和技能。

3. 培训的形式和讲师的安排。

4. 学习时间的安排。

5. 学习后的考核方式。

6. 学习后的技能达标标准。

培训随着公司的发展不断迭代，不断调整。

案例智囊库　现场基层主管培养方案说明

表7-4　现场基层主管培养方案说明（年度）

晋升职位	培训周期（次/年）	培训人数	培训方式 外训课程	课程数量	费用预算	内训课程	课程数量	考核方式	报名方式
（代）领班	1次/月	每批15-20人	无			2门：理念讲解 2门：理论学习及技能辅导	4门	1. 理论知识以笔试 2. 技能以现场案例演练	1. 部门推荐 2. 自己报名 3. 管理部推荐
领班	1次/2月	每批15-20人	无			1门：理念讲解 2门：理论学习及技能辅导	3门	1. 理论知识以笔试 2. 技能以现场案例演练	1. 部门推荐 2. 管理部选拔优秀的代领班
（代）副组长	1次/2月	每批10-15人	无			2门：理论学习及技能辅导	2门	1. 理论知识以笔试 2. 技能以现场案例演练 3. 管理以现场状况验收	管理部选拔优秀的领班
副组长/组长	1次/2月	每批8-10人	半年组织去周边地区优秀企业参观1次		以实际出差发生费用	2门：技能讨论学习 3门：理论学习及技能辅导	5门	1. 理论知识以笔试 2. 技能以现场案例演练 3. 管理以现场状况验收	管理部选拔优秀的代副组长/副组长

续表

晋升职位	培训周期（次/年）	培训人数	培训方式					报名方式
^	^	^	外训课程	课程数量	费用预算	内训课程	课程数量	^
^	^	^	^	^	^	^	^	考核方式
资深组长	1次/3月	每批5-8人	1门：全面解析	2门	16000元	2门：理论学习及技能辅导 1门：理论学习	2门	1. 技能以现场案例演练 2. 管理以现场状况验收	管理部选拔优秀的组长
年度合计		1. 资深组长的外训课程根据实际需求设定为半年一次（两批在一起），待后续公司长期业务相对稳定后，调整为一年一次。 2. 在现有的副组长和组长中挑选出优秀的人员，半年组织一次去优秀企业参观，根据参观回来后的心得报告及当月的行动学习结果为晋升成资深组长资格的评估标准。 3. 一年总外训费用前期为每年32000元+60人次参观学习发生的出差费用，待后续公司长期业务相对稳定后，为每年16000元+60人次参观学习发生的出差费用。 4. 本年度暂定为每次只培训一批，后续可根据业务实际状况调整每次的培训批数，以增加部人员的培养数量。 5. 至少需要1名角色认知讲师、2名优秀班组长讲师、6名TWI内部教练、1名精益生产内训讲师、2名外训讲师（团队建设、精益生产）。

1. 每批一班，15-20人。

2. 涉及的课程数量。

3. 培训费用预算。

4. 考核方式。

5. 报名方式。

报名方式分为部门推荐、个人报名和管理部推荐三种，让 HR 部门从源头上对人选进行把控，当物色到优秀的学员时，可以私下鼓励，向其说明培训后的好处及机会，并将管理部的推荐转化为个人报名。

前期，我们可以通过沟通进行旁敲侧击来达成目的，避免过多人员由管理部推荐而引起争议，待体系成熟后，则可以由个人主动报名。一定要在选人阶段趁势树立培训部门的权威，打造培训部门在公司的"嫡系部队"，掌控选人权和用人权，后面的培训工作才好开展。

综上所述，做好培训计划需要注意以下几点：

1. 以项目的形式来开展培训，把每一场培训当成一个项目做，从确定立项、编制计划、评审计划、发布计划四个方面着手。

2. 确定立项时要充分盘点公司实情及当下资源，不能随意立项。

3. 编制计划时要根据培训方式的不同选择合适的计划方式，不要追求大而空的计划形式。

4. 评审计划时要灵活变通、给异常情况预留余地，给别人面子、给自己方便。

5. 发布计划时要同时明确激励机制，在特定的时间、用特定的方式、对特定的对象发布。

第八章

培训过程实施的落地方法

第八章 培训过程实施的落地方法

说起培训实施,你的脑海中是否会闪过以下场景:

培训通知时大家都答应得挺好,真正开始时,到场率却极低,影响培训组织者和讲师的士气。

培训过程中学员不配合,各种调皮捣蛋,课堂氛围差到极点。

学员听课时激动、听课后不动,讲师讲授的知识和技能根本无法在工作中落实,培训效果为零。

以上种种都是培训实施过程中常见的问题,一个环节的缺失都可能会对培训计划的执行形成致命的影响。

那么,怎么才能保证行为有效,怎么才能落地实施?本章将从培训学习前、培训学习中、培训学习后三个阶段,讲述培训过程中的一些注意事项及可以规避的陷阱,确保培训过程的实施。

第1节

培训前的通知准备

一、通知确认

很多培训管理者总认为组织培训就是发个通知、随便准备准备,但一到培训中就发生这样那样的异常,到底是为什么呢?应该怎么做呢?

通知确认	培训准备
·发布时 ·前一天 ·前一小时	·4M1E ·前置学习

图8-1 培训前的通知准备

案例智库

笔者曾要求之前所在公司的培训专员,在确定培训时通知一次、开课前一天通知一次、开课前一小时再通知一次。但因为她对培训不上心,觉得无关紧要,没有严格按要求去做,结果在一次中层干部的培训时就发生了异常。培训讲师已经到场,却不见一个学员。

经调查,原来她只在培训确定时发了封邮件给大家,而且培训时间仅写了周末,并未明确是周六还是周日,培训前一天和开始前一小时既未再发通知,也未进行确认。不少参训人员因为周六要上班,就把培训通知里的"周末"当成了周日,而当时一些上夜班的学员已经回去休息。这位培训专员在追踪学员为什么没来上课时,学员还毫不知情,觉得莫名其妙。最后,当天的培训课程只好暂停,挪至下周。

所以,培训前的通知要在确定培训时、开课前一天和开课前一小时分别发布,发布后做好与每个参训人员的一一确认。

二、培训准备

1. 前置学习:在做系列课程或大型培训时,要提前半个月将课件和学员手册发给相关参训人员,让大家通过自学的方式找出问题,带着问题来到课堂。这不仅能提高学习效率,还能对培训前的推动和氛围营造起到一定的作用。

2. 4M1E:主要从人、机、料、法、环五个方面来做准备。

人:
- 讲师
- 助教/协助者/组织者
- 学员

机:
- 讲师的教学道具
- 学员的学习道具
- 互动道具

料:
- 教学资料
- 学习资料
- 互动资料

法:
- 教学演绎方式
- 学习组织方式
- 师生互动方式

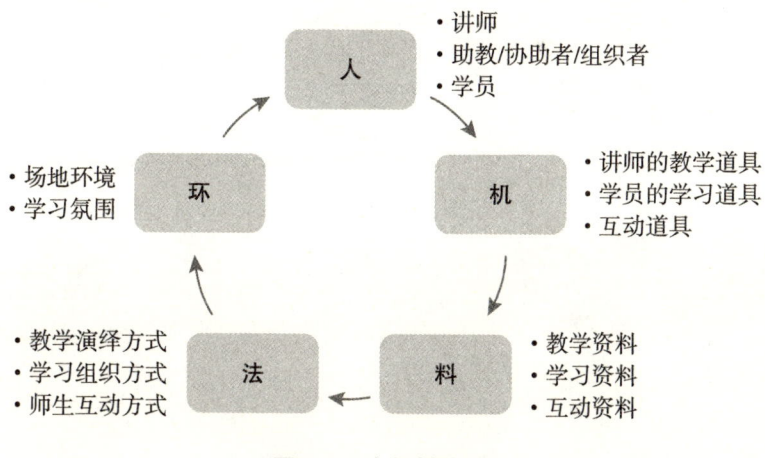

环:
- 场地环境
- 学习氛围

图8-2 人机料法环

人:包括讲师、学员和培训管理者,提前通知、确认到位。

机:主要指讲师的教学道具、学员的学习道具和课程演练过程中所涉及的互动道具等。

现场实践需要的测量仪器、破冰游戏所用的工具,如绳子、名牌等等要提前检查好，以免在现场措手不及。

料： 包括教学资料、学习资料、互动资料等。

法： 教学演绎方式、学习组织方式、师生互动方式、过程中怎么推广讲师、怎么让学员认可等，都需要提前演练。

笔者所在公司之前举办了一场 TTT 培训，讲师在进行新员工培训时没有提前备课，也没有做讲师手册，缺少了相关的方法，过程中没有互动，效果特别不好。

环： 包括场地环境、学习氛围等硬件环境和软件环境。

在室外举行培训时，天气、场地、提前准备什么、如何营造积极的学习氛围、提前宣传、亮点提炼等都需要串联起来，为培训的顺利开展打下良好基础。

第 2 节

培训中的组织管控

一、组织协调

1. 借势造势：可以以发邮件的形式给各部门宣传，有公众号的还可以用公众号推广宣传。

2. 异常处理：主要有四大方面。

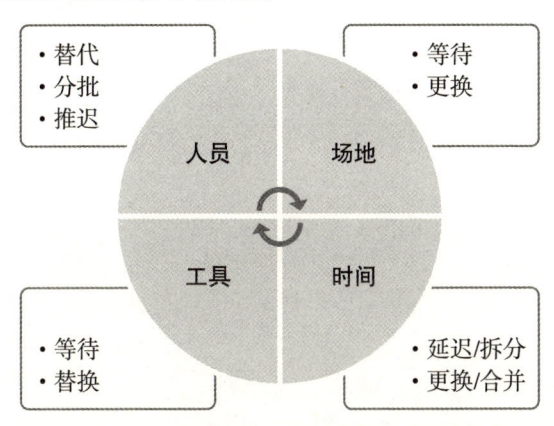

图8-3 培训中常见的四类异常及处置方法

· 人员的异常：有三种处理方式，当场找替代人选，分批举行，或者推迟培训。

案例智库

笔者曾经供职的公司举行过一场大班培训，学员有60人。但因为培训管理者失误，将白班和夜班人员的培训时间排在了一起，结果正式上课时有1/3的人上夜班后，已经回去休息了，无法参加培训，计划表上的人员名单和现场来的人数对不上。当时只好将人员分批，白班的先培训，夜班的择期再培训。

除了学员的异常以外还要考虑讲师的异常。例如，讲师生病无法上课，要提前找好替代讲师，按照提前准备好的讲师手册临时救场。假如前期确认不到位，则会让自己措手不及。

- 场地的异常：等待或者更换。
- 时间的异常：延迟、拆分、更换或者合并。
- 工具的异常：等待或替换。

组织协调
- 借势造势
- 异常处理

纪律管控
- 法不责众
- 杀一儆百

图8-4 培训中的组织管控

二、纪律管控

任何培训中都会有人不配合，如迟到、早退，听课时打电话、玩手机、公开挑衅等，对于这些培训管理者要提前考虑到，减少异常的发生。在这个过程中要秉承两个原则：

1. 法不责众：在培训时，可能有人迟到、早退不配合，但如果涉及的人员较多，为了保证培训的效果，不要全部处罚，利用公司规章制度，逐步进行宣导。

2. 杀一儆百：如果有部门违规现象特别严重，经常无故缺勤，作为培训管理者，就要等待时机，在他们犯错的时候，抓住把柄严惩，并将其不配合的行为公之于众，说明原因，树立权威。

第 3 节

培训后的跟踪辅导

培训后的跟踪辅导对培训落地的转化可以起到 70% 的作用，要特别注意以下两点。

一、作业跟踪

1. 及时跟进：课堂作业与技能的掌握息息相关，课堂上要求的工作学习行动计划和作业类的东西一定要及时跟进，这些都是有时效性的，不能想起来才跟进，拖得太久就会失去效果。

2. 渗透业务：作业的设计与工作紧密相关，于是可以以作业的理由切入业务部门的相关流程，了解业务部门的工作、碰到的难点、每个人的想法等，渗透业务部门的管理。

作业跟踪	课后辅导
·及时跟进 ·渗透业务	·80/20原则 ·收为己用

图 8-5　培训后的跟踪辅导

二、课后辅导

课后辅导要有针对性，因人而异，灵活调整。对领悟能力强的少跟进些，对领悟能力差的则多跟进些，辅导会耗费巨大的精力，辅导人员要秉承80/20原则，重点关注那些值得培养的人。

以上就是培训前、培训中、培训后课程计划的不同实施方法，要想把控好过程，还需要注意以下几点：

第一，整个培训实施过程中不仅要观察学员的学习情况，还要观察讲师的上课情况。通过培训过程中的事件来看讲师的配合度及水平，对讲师进行筛选，建立符合要求的内训师队伍。

第二，培训要注意控制成本，包括显性成本和隐性成本。比如，场地费、人工费、外训的课酬、培训占用的时间、影响的公司产能和订单带来的间接费用等。

综上所述，培训过程需要把控以下几点：

1. 要想让培训真正落地，学习前的准备、学习中的异常处理及学习后的及时跟踪特别重要。

2. 培训前的通知不能落下，需要提前准备的物料也要齐全。

3. 培训中的组织协调和纪律管控，要确保在自己的控制范围内。

4. 培训后的作业辅导和学习跟进要结合培训目的，秉承80/20原则开展。

5. 关键时刻要能杀一儆百，树立培训管理者在整个培训过程中的威信。

第九章

培训落地跟踪的实施细则

第九章 培训落地跟踪的实施细则

说起培训，你是否会马上联想到以下场景：

培训前很激动，相关的造势、宣传做得特别好，学员的期待度很高；

培训中很感动，过程中的活动好、游戏棒，讲师的感染力强，学员"鸡血"满满，但是课程结束没两天，一切都偃旗息鼓；

培训后不行动，按照培训中的知识点所生成的行动方案和各种细则就没法儿实施，是纯粹的纸上谈兵。

很多公司的培训都会出现以上情况，导致培训无效。那么，具体应该怎么破解这类难题呢？培训能给公司带来什么价值？如何凸显培训工作的成绩？如何获得大家的认可？如何树立培训部门的权威呢？

本章将重点讲解培训落地跟踪的实施细则，让你明白通过哪些方式可以达到期待中的培训效果。

第 1 节

两个维度确保行为跟进

一、跟进内容

我们知道，做任何事都要先明确方向、以终为始，培训也一样，想要达到什么效果、实现什么目标、解决什么问题，这些是培训的重中之重，是培训的灵魂，如果偏离了方向，整个培训过程做得再好也是"白搭"。

在行为评估阶段，要确保培训的最终落地，让学员想学习、学习后会使用尤为重要。那么，具体要跟进哪些项目才能达成培训效果呢？

跟进培训目标	跟进日常工作
·跟进学习行动计划	·跟进日常行为表现
·跟进执行策略方案	·跟进日常他人评价
·跟进实施操作细则	·跟进日常工作现状

图9-1 内容跟进的两个维度

1. 跟进培训目标

要跟进学员的学习行动计划，如有没有落实、基于学习行动计划生成的策略方案有没有执行、基于策略方案生成的实施操作细则有没有运用等。

2. 跟进日常工作

要跟进学员个人的日常行为表现，如他人对学员的日常评价及学员日常的工作现状。

案例智库　QCC 项目改善课题跟进

本书多次提到的员工发展小组项目中曾有个 QCC 改善项目的课题，面对生产管理、制造、质量、工程等多个部门，是全公司上下都很重视的大项目。当时客户各种抱怨，公司在工艺、管理、协调、沟通上都存在很多问题，员工叫苦连天。为了解决这些问题，我们举行了相应的培训，培训后基于学习生成了相应的行动计划。

在一个生产部门生成的行动计划里有一条是"对车间现场进行重新布局"，操作细则是"先出布局图，然后进行评审，评审合格后对现场进行优化"。但我们跟进时，他们并未开始行动，说是因为太忙没时间，后面再看。为了避免行动计划"过期失效"、打消学员的偷懒念头，我们步步紧跟，并应允会协助其处理困难，结果第二天他们就完成了布局图，也没需要我们处理什么问题。

二、跟进频次和周期

跟进时，还要注意周期和频次，依据不同的项目、结合不同的目的灵活把握。

1. 跟进频次要先高后低，以 5-10 次为参考

培训刚结束时的跟进频率要适当高一些，学员的习惯养成后再减少，一般总次数在 5-10 次。但习惯的养成有一个周期，跟进时不一定要本人全程参与，委托他人代为跟进也可以，要依据实际情况灵活调控，

但要注意收集数据并及时汇总。

```
跟进频次 → ・先高后低
         ・一般5-10次

跟进周期 → ・项目实施周期
         ・传统考核周期
```

图9-2 频次与周期跟进

2. 对于跨度很长的项目，可按周期进行跟进

例如，TWI 项目的实施周期是 3 个月，就按 3 个月进行跟进，先高后低，总次数在 5-10 次。中层干部的培训周期是 6 个月，跟进周期就设定为 6 个月。如果再加辅导周期 6 个月就是 1 年，那就要以整个项目实施的 1 年为周期进行跟进。

跨度很长的技能类培训，如销售技能提升、客诉报告撰写等，它们是长期的工作，除了要跟进培训当次以外，还要跟进参训学员每个月在这个行为项上的表现。按月度、季度、年度进行跟进，跟进的频率取决于前期的行为效果，如果前期效果好，后期就可以少跟进，如果前期效果欠佳，就要评估是不是需要再次培训。

既然跟进大多都是从行为结果来判定的，那么，要想系统了解一个人的行为，就必须经过多方的验证，实际操作中可以从他的上司、下属、本部门同事和外部门同事等角度出发，用 360 度评估的方式进行验证。

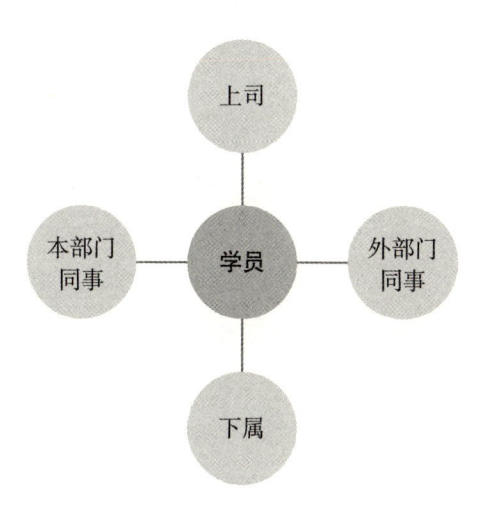

图9-3　360度评估

案例智库　360度评估

表9-1、表9-2为员工发展小组的考核评分表，参训员工的主管与5名同事对他进行了评价，培训管理者对评价后的结果要进行真实性评估，结合实际进行适当纠偏。

表9-1　主管评分调查表

姓名：　　　　部门：　　　　单位：　　　　职务：

评分项目	评分
工作配合度、服从性	特别优秀20分□　优秀18分□　良好16分□　尚可14分□ 一般11分□　较差7分□　很差3分□
纪律遵守	特别优秀20分□　优秀18分□　良好16分□　尚可14分□ 一般11分□　较差7分□　很差3分□
工作业绩	特别优秀20分□　优秀18分□　良好16分□　尚可14分□ 一般11分□　较差7分□　很差3分□
Total	

日期：

表9-2 其他员工评分调查表

姓名：　　　　部门：　　　　单位：　　　　职务：

评分项目	评分
与其他各级人员关系	特别融洽20分□　融洽18分□　良好16分□　尚可14分□ 一般11分□　较差7分□　很差3分□
纪律遵守	特别优秀20分□　优秀18分□　良好16分□　尚可14分□ 一般11分□　较差7分□　很差3分□
工作业绩	特别优秀20分□　优秀18分□　良好16分□　尚可14分□ 一般11分□　较差7分□　很差3分□
Total	

日期：

1.主管评分：主要从工作配合度、服从性、纪律遵守情况、工作业绩等几个方面评分。

2.其他员工评分：共5人，下属2人、同班同事1人、对班同事1人、外部门同事1人，没有下属的则换为上游单位和下游单位的同事。

当时笔者让助理将表单分到各部门，由各部门的助理找人进行评估，事先不通知学员本人，确保评估的公正性。其中有位员工因跟部门领导不和，于是领导在打分时特意将其分数压低，我们收到结果后发现分数异常，经过深度调查，了解到真实情况后给予了纠偏。还有一位女学员，上下级对她的评分都很好，跨部门同事的评价一般，但对班同事和本班同事对她的评价较低，得出结果后，我们拿着单子找本人了解，她个人也认清了问题所在，原来是因为她工作作风强势，与其他各级部门的关系一般。我们提醒她注意工作方法，她也很好地进行了改进。

360度评估虽然是全方位的，但也有不少弊端，如涉及评价的人员，要么会做个"老好人"、要么会公报私仇、要么态度不端正、要么评价能力欠佳、要么对标准不清楚，经常得不到真实的结论。但培训结果的评估不是绩效，无须特别精准，在没有利益冲突的情况下，以旁观者身份进行的评估更接近真实情况。

案例智库 TWI 考核成绩

表 9-3 20×× 年第一期 TWI 培训人员考核成绩汇总表

NO.	工号	岗位	组别	工作教导文件制作（20分）	工作教导案例演练（60分）	工作改善（10分）	课堂表现（10分）	综合评分	主管评价	本组排名	最终排名	优势	劣势
1	K12339	品管员	B组	18.67	58.29	7.00	9.00	92.95		1	1	抗压能力强、学习能力强，思路清晰，有管理意识，善于表达	缺乏较系统的管理技能
2	K10539	品管员	A组	18.00	57.43	7.00	9.50	91.93	OK	1	2	有管理经验和意识，上进，思路清晰	缺乏较系统的管理技能
3	K06941	副组长	A组	19.33	54.86	9.00	8.00	91.19	OK	2	3	逻辑思维能力强，有管理经验、学习能力强	语言组织和表达能力待加强
4	K03658	品管员	B组	18.00	55.71	9.00	7.00	89.71		2	4	岗位专业技能扎实，做事有一定的思路，认真	管理意识不足、缺乏系统的管理技能

第九章 培训落地跟踪的实施细则

193

续表

NO.	工号	岗位	组别	工作教导文件制作（20分）	工作教导案例演练（60分）	工作改善（10分）	课堂表现（10分）	综合评分	主管评价	本组排名	最终排名	优势	劣势
5	k08132	作业员	A组	18.67	54.00	7.00	9.50	89.17	OK	3	5	有一定的管理经验，管理意识和思路清晰，有一定的抗压能力	做事细心程度不够，易发生重复的错误，学习能力一般
6	K16238	培技	C组	18.00	56.57	8.00	6.00	88.57		1	6	成熟、大方，临时应变能力较强，有一定的管理经验	缺乏系统的管理技能，需更加沉稳
7	K13408	线长	A组	18.00	54.86	8.00	7.00	87.86	OK	4	7	有管理经验和管理能力，思路清晰，有一定的抗压能力，大方	缺乏系统的管理技能和管理经验，需更加沉稳
8	K14210	IPQC	C组	18.00	54.86	8.00	7.00	87.86		2	8	思路清晰，有一定的管理意识和管理经验，抗压能力好，善于总结，做事细心	缺乏系统的管理技能，需要更加大方

续表

NO.	工号	岗位	组别	工作教导文件制作（20分）	工作教导案例演练（60分）	工作改善（10分）	课堂表现（10分）	综合评分	主管评价	本组排名	最终排名	优势	劣势
9	K15488	班长	C组	18.00	54.86	8.00	6.00	86.86		3	9	有一定的管理意识和管理经验、思路清晰、沉着	缺乏系统的管理技能，需要更加主动地展现自己
10	K11241	作业员	B组	17.33	54.00	8.00	7.00	86.33		3	10	有管理经验和管理能力、思路清晰，大方，有较强的抗压能力	需要更新目前的管理技能，需要更细心
11	K15790	品管员	B组	16.67	54.00	8.00	7.50	86.17		4	11	上进、抗压能力强、有一定的管理意识	缺乏系统的管理技能，管理经验较少

上表为第二期 TWI 学员的考核成绩，通过对学员日常工作行为和落地执行情况的观察，将每个人大致的优势、劣势列出。

通过对表中第一个人日常工作的跟进，结合他人评价和他在操作过程中的工作处理方式，我们发现其缺乏较系统的管理技能，偏重于实践，并基于这些情况对他进行了综合评估，将生成的评估报告发送给他的领导，与其领导确认真实性。

通过相应事件，培训管理者要再次核实评价结果的真实性，如有偏差，要找到事例进行佐证，与主管达成一致后给予调整，再基于考试成绩、行为表现、过程中的展示得出客观的评估结果。为确保尊重，可与学员私下沟通，就事论事，帮助其认清问题、改正问题。

行为跟进在实际操作中需要特别注意，要依据学员工作中的一言一行，并结合部门领导意见帮助其改正和纠偏，这样培训出来的人才能得到部门的高度认可。行为评估是整个培训效果评估中最难的一部分，行为跟踪得好，效果就会好，当行为评估追踪结束后，就到效果评估了，那么，效果评估具体应该注意哪些方面呢？

第 2 节

两个要素完成效果追踪

一、收集前后数据

收集培训前后的 KPI 和成本数据，以便进行对比。

收集前后数据	收集前后现象
·KPI ·成本	·士气 ·态度 ·言语 ·行为

图9-4　效果追踪的两个要素

二、收集前后现象

收集培训前后的士气、态度、言语和行为，以便进行对比。

表 9-4 新员工培训项目总结表（导入周期 45 天）

NO.	项目	投入成本（元）	培训前	培训后	对比	效益评估/月（元）	备注	主要配合单位
1	一线员工月离职率	0	25.3%	10.2%	降低15.1%	73910.93	一线员工2300元/月；干部3000元/月；其中，离职一线员工平均工龄2个月，离职干部平均工龄1年；公司一线员工共1233名，干部共48名，按国际标准，每名员工的离职成本以其年薪的8.63%计算	
2	基层干部月离职率	0	10.0%	3.8%	降低6.2%	9320.4		
3	新线产能达标周期	0	60天	30天	降低30天	883200	按每月28天出勤计算，每天加班2小时，不计夜班，本月开新线6条，共计384人，按平均工资2300元/月/人进行计算	制造部技术部质量部
4	新人第一周良好率	0	80.3%	95.1%	提升14.8%	93712.5	根据公司标准，平均每站返工成本为0.05元，新人第一周产能为35000PCS，其间，357名新人留职超过一周	
5	新人第一周报废率	0	5.3%	3.7%	降低1.8%	56227.5	新人每周报废数量降低1575PCS；折算成成品为35PCS，按生产管理报价4.5元/PCS，其间，357名新人留职超过一周	

第九章 培训落地跟踪的实施细则

续表

NO.	项目	投入成本（元）	培训前	培训后	对比	效益评估/月（元）	备注	主要配合单位
6	多能工培养周期	0	90天	60天	降低30天	不计	较难衡量	
7	其他	0	管理者精力占用较多	管理者精力占用较少		不计	较难衡量	
	Total					1116371.33		

总结：1. 本次培训导入，在45天内为公司节约成本合计111.6万余元。如公司规模维持在此水平，则每月仍可持续节约8万余元。
2. 本次未投入硬件，且人员均在正常工作时间内，未影响其他工作，因此投资成本约为0元。

表 9-4 为新员工培训项目的总结报告，即培训效果评估，制作此表的目的是更好地展示培训业绩。

首先对培训前一线员工月离职率、基层干部月离职率、新线产能达标周期、新人第一周良好率、新人第一周报废率等项目进行了收集与统计，列出每一项的具体数据，再将之与培训后的各项数据进行对比，得出差异比率，并将各项比率按公式转化为具体的数字。对于拿不准的地方，我们找到了行业标准参照，最终得出具体培训效益。需要注意的是，当不能 100% 确定收益时，要少估收益、多估损失，缩小自己的功劳，以免别人"挑刺"。

表中新线产能达标周期降低 30 天，后面备注的计算方法为：按每月 28 天出勤计算，每天加班 2 小时，不计夜班，本月开新线 6 条，共384 人，按平均工资 2300/月/人进行计算，但实际上仍有些人会加班三四个小时，还有夜班津贴，我们在计算时都将其忽略掉了，这样就会给别人传递一种保守计算的信号——实际效益应该比这个还多。

当遇到较难衡量、无法精确计算出金额的项目时，不能太较真，没有评估依据的效益，可用"不计"来表示。比如，表中的"多能工培养周期"和"其他"这两项是一种管理现象，只有在日常工作中才能得到体现，效益评估栏就可以用"不计"表示。在做效果评估时一定不能钻牛角尖，能算的就算清楚，对于较难衡量的，预估一下即可。

效果评估在真正落实的时候要用数据和行为现象说话，能量化的量化，有理有据，后面加上主要配合的部门，不独揽功劳。

最后要做好总结，本次培训在 45 天内为公司节省了 111.6 万余元，如公司规模维持在此水平，则每月仍可持续节省 8 万余元。且本次未投入硬件，人员均在正常工作时间内，未影响其他工作，培训成本投入为 0。用投资回报率的前后对比，最大化地"秀"出培训业绩，让老板看到结果和数据。

第 3 节

一张表格呈现培训价值

辛辛苦苦忙碌那么久，如何把自己的功劳展示出来？培训效果展示必不可少，那么，具体要从哪些方面进行呢？

计算硬性指标
- 交期
- 质量
- 成本
- 效率
- 安全

评估软性现象
- 价值认知
- 思维模式
- 行为习惯

图9-5　培训价值的呈现

一、计算硬性指标

交期：指各类工作的完成时效。例如，采购物料的及时性、HR部门规章制度发行的及时性、文件制作的交期等。

质量：指工作完成的好坏程度。

成本：指该项工作所花费的代价及金钱。

效率：指工作完成的速度。

安全：分硬性安全和软性安全两类。例如，工伤、轻工伤、重工伤多少等，可将培训前后的数据进行对比。

二、评估软性现象

价值认知：指责任心、凝聚力、上进心等。

思维模式：指对事情处理的方式、思考方式。

行为习惯：指日常工作中的行为表现等。例如，公司规章制度的遵守情况、培训前后违纪次数的多少等，都是培训的价值。

案例智库 培训效果评估表

表9-5　培训效果评估表

NO.	项目	内容描述		培训投入成本（元）	培训收入（元）	培训收益（元）	备注
		培训前（问题精准描述5W2H）	培训后（结果精准描述5W2H）				
1	交期（量化目标）					0	
2	质量（量化目标）					0	
3	成本（量化目标）					0	
4	效率（量化目标）					0	
5	安全（量化目标）					0	
6	价值认知（细化明确化目标）					文字描述现象	
7	思维模式（细化明确化目标）					文字描述现象	

续表

NO.	项目	内容描述		培训投入成本（元）	培训收入（元）	培训收益（元）	备注
		培训前（问题精准描述5W2H）	培训后（结果精准描述5W2H）				
8	行为习惯（细化明确化目标）					文字描述现象	

1.进行培训效果评估时，可以分别从交期目标、质量目标、成本目标、效率目标、安全目标、价值认知、思维模式、行为习惯等几大方面开展工作。事先确定培训要提升哪些方面，能量化的量化，不能量化的用文字进行描述，可参照5W2H的方式描述，即什么时间、什么地点、什么人、做了什么事、怎么做的、做到了什么程度。

例如，某次年度培训前，生产部和质量部在开生产协商会的时候经常会发生口角，偶尔还会打架。经过培训，口角现象已不再存在，培训前打架次数为m次，培训后打架次数为n次，同比降低p%，遇到问题时都能够缓和处理。精准的描述让人一眼就能看出培训的效果。

2.对于培训投入的成本和收入可以以金钱计算，用收入减成本得出培训收益，还可以用投资回报率进行分析。

笔者在做项目管理培训时，重点针对的是客户报价谈判培训，培训投入5万元，通过培训发现因报价改善促使公司每月收入增加了100万元。那么此时的培训收益就是95万元，投资回报率为95/5，即19倍，前后对比十分明显。

但针对现象型的收益，像价值认知、思维模式、行为习惯等无法用数据体现的，则用文字描述即可。

作为培训管理者，要想展示培训业绩，务必要遵循这张表给出的思路，做到该量化的量化、该细化的细化、该明确的明确，在培训前和培训中及时做好数据和项目的整理，培训后将数据进行对比，得出结果。

综上所述，要做好培训跟踪需要注意以下几点：

1. 培训跟踪能够在最大程度上避免"培训前激动、培训时感动、培训后不动"的错误。

2. 在行为跟进阶段要分别从培训目标和日常行为两个维度进行，过程中把握好跟进频次与跟进周期。

3. 要及时收集培训前后的数据和现象，如KPI、成本、士气、态度、言语、行为等。

4. 计算培训收益时要从硬性指标和软性现象两个方面进行，用培训前后的数据对比，计算投资回报率，最大化地凸显培训效果。

第十章

提炼培训标准的实操步骤

第十章 提炼培训标准的实操步骤

培训结束后,资料是否都还在?

培训过程中一些好的东西是否保留了下来?

做得不好的地方是否总结改进了?

培训体系的搭建是一个承上启下的动作,前面做了那么多工作,终于到了收获的季节,这时,要学会对公司进行盘点,对培训过程进行梳理、提炼和反思,把以往的经验和流程形成标准、固定下来,并用PDCA的方式将它们复制到其他项目中。

第 1 节
培训标准输出流程

- 整理资料：将过往所有与培训相关的资料进行整理。
- 梳理流程：基于整理好的资料和经验进行流程梳理。
- 总结得失：对整个培训过程中各个细节的得失进行总结反思。
- 固化标准：将该优化的地方优化、该修改的地方修改，形成标准。

图 10-1　培训标准的输出流程

第 2 节

四个要素整理培训资料

课程资料	讲师资源	培训文件	工具表单
·课纲 ·课件 ·案例资料 ·操作工具 ·学员手册 ·讲师手册	·外部讲师 ·内部讲师 ·内部教练	·培训计划 ·培训方案 ·课程体系 ·讲师制度 ·评估文件 ·人员档案	·需求调查表 ·讲师考评表 ·学员评估表 ·课程评估表 ·培训计划表 ·培训方案表

图 10-2　整理培训资料的四个要素

一、课程资料

包括课纲、课件、案例资料、操作工具、学员手册、讲师手册、作业记录等。对之前提到的 TWI 项目、中基层干部培养项目、管培生项目、技术员培训项目都是按照上面的资料进行的整理归档，内容十分齐全。

二、讲师资源

通过培训项目可以得出哪些讲师讲课好、哪些讲师讲课不行、哪些讲师有潜力可以挖掘，将他们的资料进行整理记录，做成花名册，形成固定档案，为内训师队伍的建设提供参考依据。

很多企业经常犯的一个错误是，认为内训师队伍的建设，要么是从外面请人过来做 TTT 训练，要么是在公司内部找一批专业人员进行授课，只要有要求相应的人员来参加培训即可，结果做得轰轰烈烈，项目结束却只收获了一堆课件、一张演讲稿和一套在老板面前作秀的合照而已。一个月后，大部分讲师恢复原样，对内训师队伍的建设根本起不到什么作用。

正常情况下，内训师队伍的建设适合在培训项目刚开始时，或者讲师紧缺的时候进行，通过一个个的项目建立起来。要举行 TTT 训练营，可按半个月跨度，分三次进行培训，选取基础还不错的讲师进行强化训练，及时指正，逐步提升其技能水平。

另外，当公司没有大项目要开展时，不太适合做 TTT 培训，多数讲师的培养需要实践和试讲练手，如果没有课可讲，必然达不到效果。

例如，公司当下举行的 TTT 训练营以半年为期，选拔有培训需求的优秀学员，进行小班制教学，共有三天正课，一天课程开发、一天课程设计、一天授课技巧，每节课中间间隔相应的时间，每节课结束后基于授课内容，结合工作实际输出对应的作业，并且作业是马上可以运用到工作中的。需要进行新员工入职培训的，就以新员工入职培训作为课题进行开发；需要企业文化培训的，就以企业文化培训作为课题进行开发；需要客诉培训的，就以客诉培训作为课题进行开发，分别输出对应的课纲、课件、案例资料、操作表单、学员手册、讲师手册等资料。作业输出后由讲师批改，在群内进行评比，并跟踪他们试讲的效果，不断让他们总结改进。

笔者之前所在的企业曾规划在下半年度进行中层干部培养，组织 3 个人作为储备讲师，去外面学习专业知识和 TTT，回来后在公司内进行复制。他们的学习输出，就是在公司复制项目的效果，利用教学相长的形式培养内训师。

要想把培训体系标准化，让课程不因某个讲师的离职而丢失，就一定要有完善的课纲、课件、学员手册、讲师手册、案例资料和操作表单。

本书展示的员工发展小组的培训、技术员的培训、TTT 的培训、优秀班组长的培训、中层干部的培训等的标准化资料都是按照这个标准进行梳理的。其中，技术员的培训一直是内外训相结合，每次花费不少培训费，不仅成本高还常常与公司实际相脱节，完全没有效果。因此，全靠外训也不现实，优化后，要将外训转为内训。

作为培训管理者，在选择讲师时不需要声势浩大，而要不求多、先求稳定，找到适合做讲师的人，愿意配合的讲师在培训时会把资料准备齐全，这样对后续的讲师培养也会有很多好处。

同时，还要做好外部讲师资源的盘点，总结其价格是否合理、配合是否到位、服务情况如何、学员认可度高不高、培训后是否对公司产生效益等，找到每类课程的主要合作单位。

只有讲师资源到位，培训的开展才会畅通无阻。

三、培训文件

包括培训计划，培训方案，课程体系设计，学习地图，讲师制度，评估文件，考评需要用到的表单、试题、问卷、计划、评分表，年度项目的总结表，参加培训的人员档案等。

四、工具表单

包括培训需求调查表、讲师考评表、学员评估表、课程评估表、培训计划表、培训方案表等。

培训文件多指一些制度类的文件，而工具表单多指操作类的文件，是培训文件的补充，属于三级、四级文件。

表 10-1 20×× 年班组长培训档案表

NO.	工号	姓名	学历	部门	单位	职务	现单位	是否在职	去向	20×× 年成绩（分） ×月 领班	20×× 年成绩（分） ×月 组长	20×× 年成绩（分） ×-×月 领班	20×× 年成绩（分） ×月 组长
1			初中			组长		是		86.4	70.0		
2			初中			技师		是	降级	83.6	71.0		
3			初中			驻厂客服		是	降级	73.6			
4			大专			品质助工		是	转专业岗位	76.8	79.0		
5			大专			组长		是			80.0		
6			初中			副课长		是	晋升副课长		80.0		
7			大专			副课长		否	离职		77.0		
8			大专			副课长		是	晋升副课长		75.0	85.1	
9			初中			组长		是			73.0		
10			高中			副课长		是	晋升副课长		73.0		
11			大专			组长		是			72.0		

续表

NO.	工号	姓名	学历	部门	单位	职务	现单位	是否在职	去向	20××年成绩（分） ×月 领班	20××年成绩（分） ×月 组长	20××年成绩（分） ×-×月 领班	20××年成绩（分） ×月 组长
12			初中			组长		是			71.0		
13			大专			组长		否	离职		71.0		
14			初中			副课长		是	晋升副课长		70.0		
15			大专			副组长		是			69.0		
16			高中			副组长		否	离职		68.0		
17			大专		冲压 IPQC	副组长		否	离职		68.0		
18			大专		CNC1	副组长		否	离职		68.0		

上表为现场所有中基层干部的档案表。每位员工入职后尚在普通员工的阶段时，HR 就要从工号、姓名、学历、部门、单位、职务、现单位、是否在职、去向，每次参加各个系列的综合考核评分等方面，对他们进行全面的盘点，做好计录。有了这些资料，就能清晰地知道每个人的实际水平，需要用的时候会有一个很好的参照，以事实为依据；而 HR 则能通过培训进行更好的人员配置，用人部门也会最大化地配合，甚至整个人力资源的规划。

213

第 3 节

五个环节梳理培训流程

流程，顾名思义，即是流动的程序、作业的顺序，涵盖了一件事在做的过程中需要先做什么、后做什么，在这个过程中需要涉及什么人、什么地方、什么场合、做什么事、用什么方式、做成什么样子，输出什么表单。当有了这些流程后，就可以将之前准备的资料代入。基于现有的经验和资源检查自己做得好的地方、需要用到的东西，按这个流程逐步梳理，就能得出相对完善的思路。

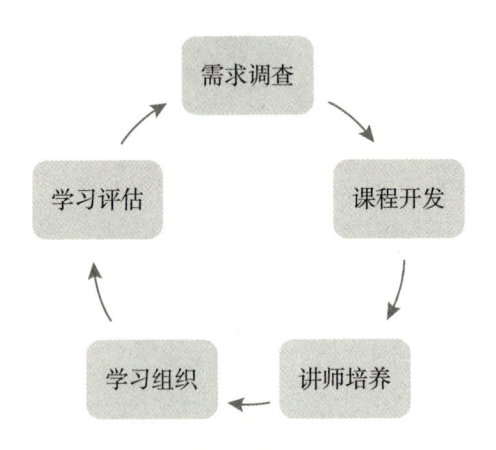

图10-3　梳理培训流程的五个环节

一、需求调查

可以通过调查表、问卷、绩效数据等方式进行调查，但要注意结合公司实际和个人所拥有的资源和权限，没有上面的资料时，也可以通过一对一访谈来获取需求，并将访谈的相关话术梳理好。

二、课程开发

基于培训需求进行相应的课程开发。

三、讲师培养

即选择合适的人员进行培养。

四、学习组织

培训管理者在过程中要做好准备和组织，确保培训的正常进行。

五、学习评估

即反应评估、学习评估、行为评估和效果评估四个阶段的评估。

第4节

四个维度总结培训得失

培训得失可以基于培训目标,从过程和结果两大方面、四个维度进行总结。

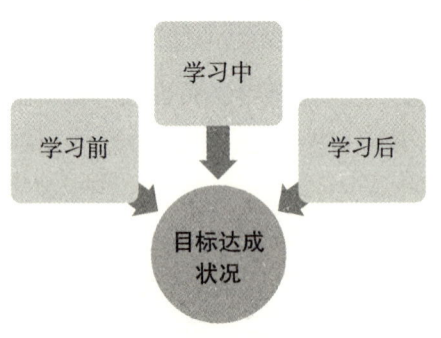

图10-4 总结培训得失的四个维度

一、学习前

主要指通知培训确认、培训准备等,重点梳理哪些地方做得到位、哪些地方做得不好,把做得不好的地方进行规避改善。

笔者早期在发培训通知时,曾经只将通知发给部门主管,而没有通知到本人,导致培训时出现异常。后来笔者总结得出,培训通知需要发送三次,并将具体时间点明确下来,纳入培训管理制度,在优化流程的同时做好每个细节。

二、学习中

主要指在培训过程中的纪律管控和异常协调上的得失。例如，培训场地不够用时如何协调、学员不遵守纪律时如何管理等。

三、学习后

主要是指在学习后的作业跟进及辅导上，哪些做得好、哪些需要改进。

四、目标达成状况

主要是看培训的最终结果是否达成。

例如，在曾经举行的测量员培训中，学习前的准备工作非常到位，场地、讲师、课件都没有问题，学习中的纪律很好，学习后也有跟踪。但有一节机械识图课，80%的人没有学会，未达成培训目标。分析发现，这是因为讲师讲的知识点跟学员实际工作的偏差太大，培训后的跟踪点也不对，也就是说，在培训需求调查、课件准备及讲师的选择上都出现了问题，最终导致培训目标未能达成。后来，我们对此问题进行了改善，从学员现有的水平出发，了解到他们的工作性质不必涉及太高深的机械识图，看懂就行。基于培训目标发现过程中的问题，再做时就可以有针对性地改善和规避问题。

案例智库 公司基础的人才学历盘点

20××年，中基层的学历分布近6成是初中以下的较低学历，后来通过人才选拔和招聘、培训的配合，到20××年时这一情况有了改善，20××年通过不断调整，公司员工的学历层次有了大幅改变，两年时间完成了公司人才学历结构的调整（见图10-5）。

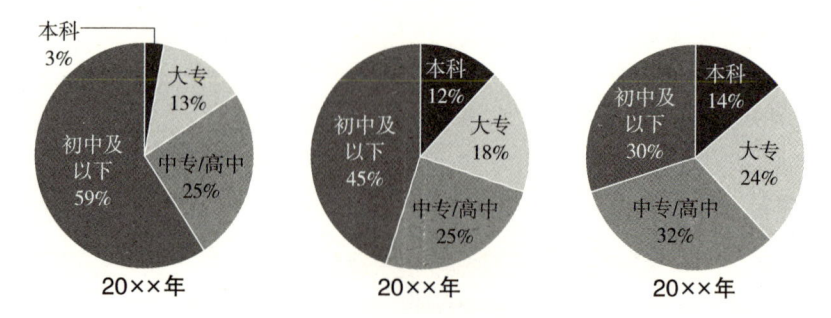

图10-5　公司人才学历结构演变

第 5 节

四个步骤输出培训标准

图10-6 输出培训标准的四个步骤

一、形成学习地图

前面我们对相关资料进行了盘点，二级、三级、四级文件已做好，过程中的异常得失业已总结完毕，现在就可以将相应的课程体系梳理出来，形成学习地图了。按照领班、组长、资深组长、中层主管、经理的顺序，形成一个串联，绘制成学习地图。

二、优化激励机制

过程中做好对讲师、学员的激励，及时优化和完善激励机制。

三、串联流程机制

把需求流程、课程开发流程、讲师培养流程等组织起来，纳入机制优化和课程体系，形成完善的培训体系。

四、推行下一项目

将上面整理出的一套完善的体系，推行到其他项目中。

第十章 提炼培训标准的实操步骤

案例智库 质量基层主管学习地图

表10-2 质量基层主管学习地图

类别	NO.	代号	课程名称	领班 重要程度	领班 技能评分	领班 培训时间(h)	领班 考核方式	副组长 重要程度	副组长 技能评分	副组长 培训时间(h)	副组长 考核方式	组长 重要程度	组长 技能评分	组长 培训时间(h)	组长 考核方式	副课长 重要程度	副课长 技能评分	副课长 培训时间(h)	副课长 考核方式
综合素养	1	A1	角色认知及岗位能力要求	★	4分	2		★	4分	0	笔试	★	5分	2	笔试	★	5分	2	笔试
	2	A2	质量意识	★	3分	2		★	3分	0		★	4分	0		★	5分	0	
	3	A3	工作关系（有效沟通）	★	3分	2	笔试	★	3分	2	案例演练	★	4分	2	案例演练	★	5分	2	案例演练
	4	A4	细节决定成败	☆	2分	2		★	3分	0		★	3分	2		★	4分	0	
	5	B1	知人善用	☆	2分	2		★	3分	0		★	3分	2		★	4分	0	
	6	B2	工作教导	★	3分	2		★	4分	2		★	5分	4		★	5分	0	
	7	B3	异常处理	★	2分	2		★	3分	0		★	4分	2		★	5分	0	
	8	B4	有效激励	★	2分	2		★	3分	0		★	3分	0		★	4分	2	
管理方法	9	B5	工作改善（ECRS）	★	3分	2		★	3分	2	现场验收	★	4分	2	现场验收	★	5分	4	现场验收
	10	B6	现场管理（工作安全）	★	2分	2		★	3分	2		★	4分	2		★	5分	0	
	11	B7	6S	★	2分	2		★	3分	0		★	4分	2		★	4分	2	

续表

类别	NO.	代号	课程名称	领班 重要程度	领班 技能评分	领班 培训时间(h)	领班 考核方式	副组长 重要程度	副组长 技能评分	副组长 培训时间(h)	副组长 考核方式	组长 重要程度	组长 技能评分	组长 培训时间(h)	组长 考核方式	副课长 重要程度	副课长 技能评分	副课长 培训时间(h)	副课长 考核方式	讲师
专业技能	12	C1	抽样计划	★	3分	2		★	3分	0	笔试	★	3分	0	笔试	★	3分	0	笔试	
	13	C2	控制计划	★	2分	2		★	3分	2	笔试	★	4分	0		★	5分	0	笔试	
	14	C3	ISO9000及质量管理八大原则	★	3分	2	笔试													
	15	C4	QC九大步骤	★	1分	2		★	2分	2	笔试	★	3分	0		★	4分	2	案例	
	16	C5	8D	☆	1分	2		★	3分	2		★	4分	0	笔试	★	5分	2	演练	
	17	C6	QC七大手法	☆	2分	2		★	3分	2		★	3分	0		★	4分	2		
	18	C7	八大浪费	☆	1分	2		★	2分	0		★	2分	2		★	3分	2		
	19	C8	FMEA	☆	1分	2		☆	2分			★	3分	2		★	4分	2		
	20	C9	SPC（CPK与PPK）	☆	1分	2		☆	2分	0		★	3分	2		★	4分	0	案例演练	
	21	C10	QCC品管圈					☆	1分	2		☆	2分	0		★	3分	2		
	22	C11	6西格玛					☆	1分	2		☆	2分	0		★	3分	2		
	23	C12	MSA									☆	2分	2		★	3分	0		
	24	C13	PPAP									☆	2分	2		★	3分	2		
	25	C14	APQP									☆	2分	2		★	3分	0		
	合计：				42分	40H			60分	24H			81分	30H			101分	30H		
	平均：				2.1分				2.4分				3.24分				4.04分			

备注 1：1 分＝简单了解　2 分＝理解　3 分＝会使用/可独立操作　4 分＝熟悉/熟练操作　5 分＝精通/可教导他人

2：★＝主修课程　☆＝辅修课程

上表为笔者在公司建立初期制作的简单的学习地图，以 Excel 表格为展现形式，从综合素养、管理方法、专业技能三大类开展培训，各种不同的课程名称用英文字母表示，不同的职位层级所需要掌握的技能水平分数要求也不一样，1 分为简单了解、2 分为理解／需要指导可独立操作、3 分为会使用／可独立操作、4 分为熟悉／熟练操作、5 分为精通／可教导他人。

在重要程度上，实心星号代表主修课程，空心星号代表辅修课程。例如，质量领班综合素养课程中的实心星号有 3 个，表示这 3 个是必修课，空心星号有 1 个，代表这是辅修课、是拓展性的训练，而副组长在这项上的培训有 4 个实心星号，表示这 4 项都是必修课。要注意分别根据不同的岗位职责要求进行培训。

在验收方式上，每个级别的分数要求不同，验收方式也不一样，像工作改善技能在领班层级时要求是 3 分，验收方式为笔试，而到了副组长层级时则需要再次学习提升，通过现场的改善进行验收，到了组长层级时则需要提升到 4 分，再通过对现场的改善来进行验收。

这个学习地图是基于公司实际的项目、经部门主管认证后得出的，也为后期培训的顺利推行奠定了良好的基础。

第6节

六个原则生成培训体系

一、公司至上

在做培训规划和要求时，当培训项目之间发生冲突，要从当下最着急的项目入手，公司需求至上。

二、内外结合

在搭建培训体系时要以培养内部讲师为主，外部引进讲师为辅。不能因为预算紧缺就只考虑内部培训，这样会对整个培训体系的搭建产生很多不利影响。

例如，笔者所在的公司在300人左右规模的时候因为培训预算不足，搭建培训体系时只考虑了内训，结果当公司规模从300人发展到800人时，培训体系也没有搭建起来。这家公司真正将培训体系搭建起来的契机，是从外部引进了TWI项目的种子人员培训。

经过分析盘点总结可以发现，当公司没有系统性培训结果的时候，大家对于培训是不认可的，特别是在内部人员之间存在利益冲突时，由内部讲师进行的培训会让其他部门的配合度大打折扣，也会丧失讲师的神秘感、失去讲师的"光环"，关键时刻还是要适当引进外训，才更能保证效果。

一般情况下，建议对基层人员的培训 95% 使用内训，5% 使用外训，提前明确学好后可以晋升，刺激学员学习的积极性；对中层干部的培养则可以公司需求为出发点，内训为辅、外训为主，比例可设置在 2∶8 左右；对高层的培训则以外训为主，选择合适的人、赋予相应的权力，以开拓视野和吸收新的理念为主，多通过参加高端论坛、沙龙、给别人讲课、去其他企业参观交流来进行提升及转变。

公司至上：需求冲突时，优先保证满足公司需求

持续迭代：老项目持续升级 新项目不断开展

内外结合：内部培养讲师为主 外部引进讲师为辅

造势借势：以点带面 以面构体

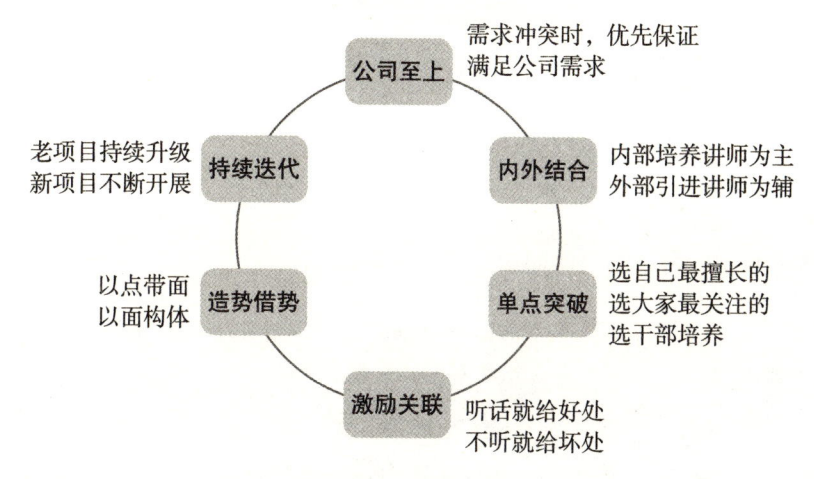

单点突破：选自己最擅长的 选大家最关注的 选干部培养

激励关联：听话就给好处 不听就给坏处

图 10-7　生成培训体系的六个原则

三、单点突破

为确保项目落地，要选择培训管理者最擅长的项目、选择大家最关注的项目进行突破，才能快速做出成绩。优先选择干部培养更便于培训的落地，因为可以通过干部的培训来带动其他的培训，对干部以布置作业的方式进行工作规划，如同利用老员工带动新员工。干部培养做好了，其他的培训自然也就好了。

四、激励关联

对过程中配合的学员和讲师给予适当的正激励，对不配合的给予相应的负激励。

五、造势借势

该宣传的时候做好宣传，该利用外部资源的时候用好外部资源，造势借势，以点带线、以线带面、以面构体。

六、持续迭代

新项目不断开展，老项目不断迭代升级。

在 TWI 的培训课程中，从讲师、学员，到课纲、课件、配套资料、评估机制，每次培训后我们都会对它们进行微调，不断保持培训的活力，与时俱进，跟上公司发展的脚步。

> **案例智库** 用一年半时间搭建的培训体系

干部培训	中层管理进阶培训	游学项目
	中层管理初阶培训	精益项目
	基层管理高阶培训	MTP项目
	基层管理中阶培训	优秀班组长项目
	基层管理初阶培训	TWI项目
专业培训	工程师培训（1-4级） / 技术员培训（1-4级） / 专员/助理培训（1-4级）	潜龙计划 / 雏鹰计划 / 能工巧匠计划
基础培训	入职上岗培训 / EHS培训	SR

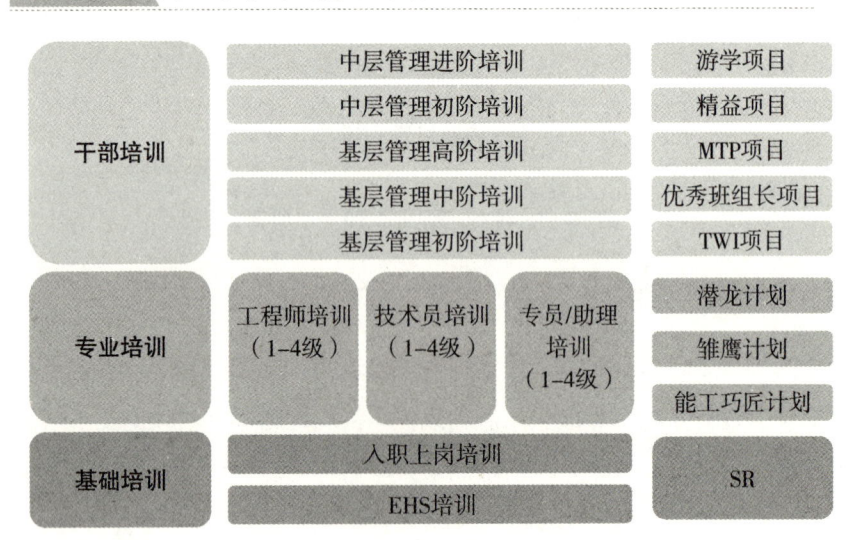

图10-8　用一年半时间搭建的培训体系

1. 干部培训

对基层管理者的培训分为管理初阶、中阶、高阶培训，包括TWI项目、优秀班组长项目和MTP项目三类；对中层管理者的培训分为初阶和进阶培训，包括精益项目和游学项目两类。

2. 专业培训

包含工程师培训（1-4 级）、技术员培训（1-4 级）、专员/助理培训（1-4 级）三大类，有能工巧匠计划项目（主要针对冲压技术员的培训，长期进行滚动的操作类项目）、雏鹰计划项目（主要针对工程师前3级的培训，如管培生）、潜龙计划项目（是关键人才项目，选拔优秀学员进行有针对性的培养）。

3. 基础培训

包括入职上岗位培训、EHS 培训（常规培训，有环境安全、消防、劳工与人权方面的培训）。

这个体系的搭建之所以能够成功，靠的就是对基层管理人员的培训，这一方面为中、基层干部很好地储备了管理人才，另一方面也储备了合适的讲师。

综上所述，要想将培训标准提炼、梳理出来并搭建起培训体系，需要注意以下几点：

1. 培训体系的搭建不是一朝一夕就能完成的，每个过程的精心布局都很重要。

2. 要将培训体系的搭建看成一个大项目，从四个方面进行培训标准的输出。

3. 培训资料包括课程资料、讲师资源、培训文件和工具表单四类，缺一不可。

4. 从需求调查、课程开发、讲师培养、学习组织和学习评估五大流程出发，梳理培训流程。

5. 从过程和结果两个方面进行培训得失总结。

6. 从形成学习地图、优化激励机制、串联流程机制和推行下一项目四个维度输出培训标准。

7. 生成培训体系时要遵循公司至上、内外结合、单点突破、激励关联、造势借势和持续迭代六个原则。

8. 由点到线、由线到面、由面到体，逐步生成培训体系。

知道不是得到，做到才能得到。为了真正掌握培训与开发各项工作的实施方法，请扫描下方二维码，获取配套练习作业。

附录1：人力资源学徒六级和高手九段划分表

学徒六级划分表

等级	职位实力		年收入（元）（一线城市）
	职务	实力	
六级	大型企业模块主管	千人集团公司HR模块主管	12万-15万
	中型企业HRS	百人公司HR主管	
五级	大型企业模块专员	千人集团公司HR模块专员	10万-12万
	中型企业模块经理	百人公司HR模块经理	
	小型企业HRM	少于百人公司HRM	
四级	中型企业模块主管	百人公司HR模块主管	8万-10万
	小型企业HRS	少于百人公司HRM	
三级	大型企业模块助理	千人集团公司HR模块助理	6万-8万
	中型企业模块专员	百人公司HR模块专员	
二级	大型企业实习生	千人集团公司HR实习生	5万-6万
	中型企业模块助理	百人公司HR模块助理	
	小型企业专员	少于百人公司HR专员	
一级	中型企业实习生	百人公司HR实习生	5万以下
	小型企业助理	少于百人公司HR助理	

高手九段划分表

等级	职位实力		年收入（元）（一线城市）
	职务	实力	
一段	大型企业模块经理	千人集团公司HR模块经理	15万-20万
	中型企业HRM	百人公司HRM	
	小型企业HRD	少于百人公司HRD	

附录1：人力资源学徒六级和高手九段划分表

续表

等级	职位实力		年收入（元）（一线城市）
	职务	实力	
二段	大型企业 HRM	千人集团公司 HRM	20万-30万
	中型企业 HRD	百人公司 HRD	
	小型企业 HRVP	少于百人公司 HR 决策者	
三段	大型企业 HRD	千人集团公司 HRD	30万-50万
	中型企业 HRVP	百人公司 HR 决策者	
	专业 HR 模块咨询师/讲师	合格人力单模块咨询顾问/讲师	
四段	千亿集团模块总监	国内顶级企业 HR 模块总监	50万-100万
	大型企业 HRVP	千人集团公司 HR 决策者	
	专业 HR 全盘咨询师/讲师	合格人力全模块咨询顾问/讲师	
五段	千亿集团 HRD	国内顶级企业 HRD	100万-300万
	百亿集团 HRVP	行业名企 HR 决策者	
	人力操作方法论创立者	专家级人力管理咨询顾问	
六段	千亿集团 HRVP	国内顶级企业 HR 决策者	300万-500万
	百亿集团创始 CHO	行业名企初代 HR 负责人	
	管理操作方法论创立者	专家级管理咨询顾问	
七段	百亿集团创始人	行业名企创始人	千万
	千亿集团创始 CHO	国内顶级企业初代 HR 负责人	
	人力底层方法论创立者	国内顶级人力管理专家	
八段	千亿集团创始人	国内顶级企业创始人	上亿
	万亿集团创始 CHO	世界顶级企业初代 HR 负责人	
	管理底层方法论创立者	国内顶级管理学大师	
九段	万亿集团创始人	世界顶级企业创始人	10亿+
	管理底层逻辑创立者	世界顶级管理学宗师	
	人力底层逻辑创立者	世界顶级人力管理宗师	

备注：

创始人，指的是凭借个人能力，在资源匮乏的时候，带领组织从小到大发展起来的组织最高负责人。

创始 CHO，指的是凭借个人能力，作为 HR 一把手，支撑组织从小到大发展起来的人力资源负责人。

宗师，指的是整套完善体系的开创者。

大师，指的是基于完善体系的整套底层方法论的开创者。

专家，指的是底层方法论的开创者。

专家级顾问，指的是方法论的开创者。

顾问，指的是操作技巧工具的开创者。

附录2：人力资源——培训与开发技能评鉴表

培训与开发技能评鉴表

类别	NO.	项目	1分（几乎不会）	2分（能独立操作）	3分（熟练运用）	4分（非常熟练/能处理疑难杂症）	5分（精通/无所不能）	现状分值	目标分值
培训与开发	1	培训需求调查							
	2	培训课程设计							
	3	培训教材开发							
	4	内训师队伍建设							
	5	培训活动组织							
	6	培训效果评估							
	7	培训方案制订与实施							
	8	培训计划制订							
	9	培训制度设计							
	10	培训体系搭建							
	11	个人TTT技巧							
	12	人才梯队建设							

附录3：TWI培训讲师手册

第一课：角色认知（7h）

一、课前准备

1. 黑色白板笔6支、红色白板笔1支。

2. A4纸50张、A1纸15张。

3. U盘（含有本次培训的PPT）。

4. 讲师手册1份。

5. 学员手册每人1份。

6. 夹子4个、胶带1卷、美工刀1把。

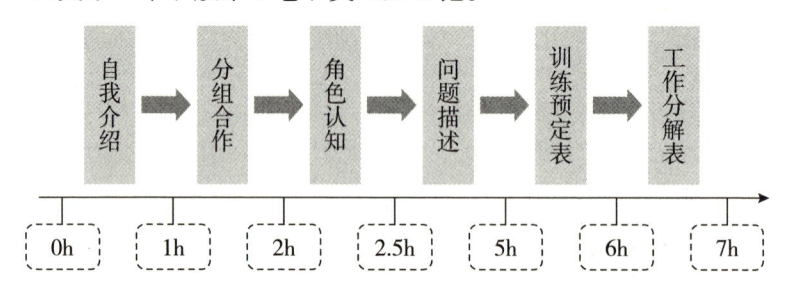

自我介绍 → 分组合作 → 角色认知 → 问题描述 → 训练预定表 → 工作分解表

0h　1h　2h　2.5h　5h　6h　7h

课程时间分解图

二、制作名片

1. 每人发放一张A4纸。（1min）

2. 自我介绍要点：姓名、年龄、岗位、技能、工作履历、家乡、特色、爱好、家庭状况等。

（1）控制时间（多看手表）。

（2）注意动作要隐蔽，不能让学员察觉。

三、分组合作

1. 组建小组，4-5人一组。（1-2min）

2. 教练调整。（1-2min）

目的：男女均匀、强弱均匀、一组成员之间相互不能太熟悉。

3. 让小组在纸上写上队名、Logo、成员、口号、标语；优先完成的人拍桌子表示已经完成。（3-5min）

目的：让部分认为自己很不错的人认识到自己的不足。

4. 每组成员上台介绍（比较每队的 NG 次数）。（50min）

注：此过程采取小组进行积分竞争的方式。

（休息 10min）

四、角色认知

1. 问题：在生产中，谁最重要？——所有人都是最重要的。（30min）

（1）上台前要进行简单的自我介绍，并提醒大家。

（2）若有学员答对问题，可以让其他人来评价他说得对不对，并让他说服其他人。

（3）对该学员给予肯定。

2. 提问各组目前工作中急需解决的问题。（1-1.5h）

（1）上台前要进行简单的自我介绍，并提醒大家队名、口号等，以及需要解决的问题。

（2）挑选的学员的口才、心理素质、逻辑思维能力都要过关（相对其他人而言）。

（3）要用数据说话（绝对数值、比率等）、运用 5W2H 法描述问题，创造一个指标。

（4）侧重"点"而不是"面"（提醒学员）。

五、中途总结（2-3min）

1. 细节决定成败。

2. 找一个学员朗读（选择大方的学员），然后大家跟着该学员再次朗读：

什么是不平凡，就是将平凡的事坚持不懈地做，并努力做到最好！

<u>什么是不简单，就是将简单的事坚持不懈地做，并努力做到最好！</u>

（休息 10min）

六、制作"训练预定表"

1. 讲述它是什么、它的重要性、为什么这么做（不做过多的解释，一带而过。（5-6min）

2. 布置作业。其间协助一些较弱的学员进行再次讲解，使他们理解。（30min）

3. 选两个学员去讲解自己的作业，每人 5-8min。

4. 回去再次修改，下节课上交。

（休息 10min——来不及就不休息或缩短休息时间）

七、制作"工作分解表"（例：做菜）

1. 讲述它是什么、它的重要性、为什么这么做。（2-3min）

2. 安排学员上去讲述自己的步骤并且写在看板上。（1h）

3. 让大家围上去听，后面的人不能坐在自己的位置上。

4. 讲述要点：

（1）标准的制订要有可操作性。

（2）标准可以利用人体的五种感官（听觉、视觉、味觉、嗅觉、触觉）来判断。

（3）步骤不能遗漏。

（4）品质、安全要防呆（IE 七大手法之一）！

（5）文字无法描述或者描述步骤冗杂时尽量附图片，给予学员直观感受。

八、总结

总结今天所学的内容。（2-3min）

九、布置作业

将"训练预定表""工作分解表"作为作业一、作业二，下节课提交。（1-2min）

第二课：工作分解（2-3h）

一、课前准备

1. 红笔批改"训练预定表"，指出问题点，有严重问题的需要将本人叫来仔细讲解。

2. 浏览"工作分解表"，选取两个案例，案例要：

（1）具有代表性，如全检、生产现场的案例。

（2）作业质量相比其他学员处于中上等水平，且该学员有一定的心理素质。

目的：打破大家的常规思维，进行思维冲击。

3. 黑色白板笔 1 支、蓝色白板笔 1 支。

4. A2 纸 10 张。

5. 夹子 4 个。

6. U 盘（含有本次培训的 PPT）。

二、课堂回顾（1-2min）

三、告诉大家今天的课堂内容——工作分解表，并讲述标准（3-5min）

四、现场演练

让学员上台讲解自己的作业。若有自愿的，则要求全检工站和现场各出一份作业；若没有，就用准备的两个案例，点名让他们上台演讲（2-3h，每个案例控制在 1h）。

要点：

1. 上台前不要忘记进行简单的自我介绍。

2. 选取的学员要有一定的心理素质，即我们常称的"厚脸皮"。

3. 平均每讲一个步骤就要停顿一下，并让下面的学员提问题，目标是让每个人都提问题，让大家都参与。

4. 遇到爱钻牛角尖的学员，要强调一下我们的标准，同时也要夸奖那个学员，不能打击他的积极性。

5. 遇到重复的问题时需要总结一下。

6. 要求大家做笔记，记住要点。

五、布置作业

按照今天的内容让大家把自己的作业再次完善。

第三课：工作教导（2-3h）

一、课前准备

1. 预览本节课的工作教导视频，了解其中的几个阶段步骤，同时了解视频中可以删减的地方，减少不必要浪费的时间。

2. U盘（含有本次培训的PPT、修改后的工作教导视频）。

3. 黑色白板笔1支、蓝色白板笔一支。

二、课堂回顾，制作分解表（2-5min）

三、讲解什么是工作教导（5-10min）

四、看工作教导视频（30-40min）

1. 每个阶段停顿一次，同时要求大家指出优缺点。

2. 若有人员不积极，则重新播放并再次提问。

五、现场演练（两个案例；全检+现场，2-3h）

1. 简单的自我介绍。

2. 选取教导者、被教者、助教三人。

可以让大家先毛遂自荐，若没人再挑选有代表性的案例。

3. 选取的三个人尽量不要是同一部门的，彼此间最好不熟悉。

4. 每个案例结束后让下面的学员总结台上人员的问题点。

必须讲出优点和缺点。

六、课堂总结（2-3min）

第四课：工作单元分解表（2-3h）

一、课前准备

1. 预览本节课的工作教导视频，了解其中的几个阶段步骤，同时了解视频可以删减的地方，减少不必要浪费的时间。

2. U盘（含有本次培训的PPT）。

3. 黑色白板笔1支、蓝色白板笔一支。

二、课堂回顾（2-3min）

三、课程讲解

1. 讲述工作单元分解表的定义以及其重要性。（5-10min）

2. 讲述阶次。（1-2min）

四、介绍工作分解表（5-10min）

讲述要覆盖PDCA、5W2H等。

五、现场完成作业（40min）

该期间协助一些弱势的学员进行再次讲解，使他们理解。

六、选取1-2个案例讲解（1-1.5h）

1. 进行简单的自我介绍。

2. 让学员上台展示并解说自己的作业（可以让大家先毛遂自荐，若没人再挑选具有代表性的案例点名上台）。

3. 选取两个有代表性的案例，如全检、生产现场的案例。

根据时间，若讲一个案例，时间控制在1h，若讲两个案例，时间控制在1.5h。

七、总结（2-3min）

八、布置作业

让学员完善工作单元分解表，下节课提交。

第五课：工作关系、安全分解表（2-3h）

一、课前准备

1. A2 纸每人 1 张，准备 20 张。

2. U 盘（含有本次培训的 PPT）。

3. 黑色白板笔 1 支、蓝色白板笔 1 支。

二、工作关系

1. 课堂回顾。（2-3min）

2. 讲述工作关系分解表。（5-10min）

3. 列举一个生活例子。（5-7min）

4. 现场完成作业。（15min）

5. 选一个案例讲解，让大家先毛遂自荐，若没人再点名。（30min）

三、工作安全

1. 讲述工作安全分解表。（5-10min）

2. 例举一个生活例子。（5-7min）

3. 现场完成作业。（15min）

4. 选两个案例讲解，让大家先毛遂自荐，若没人再点名。（50min）

四、最后总结所有学的内容（5-7min）

五、通知学员考前准备事项（3-5min）

1. 每人发一张 A2 纸，考试当天学员将自己完善好的"训练预定表""工作分解表""工作单元分解表"贴在 A2 纸上。

2. 每人准备一个三角板（根据各人现场状况），将自己的作业粘贴到三角板上。

3. 考试时间：30min

　　工作教导：5min

4. 考试安排通过邮件提前通知到各部门主管与文员。

5. 考试当天提前做好准备工作。

附录 4：培训系列三大方案全资料

本书曾穿插提到过笔者从 0 到 1 搭建培训体系的三大方案（员工发展小组方案、大学生培养计划、基层干部培训方案），为了使读者能够更好地理解对照，笔者在此提供全套的资料、工具和表单，请扫描下方二维码获取完整资料。

后 记

在开始划分之前，需要明确一个概念，评估一个人的实际能力，不能仅看职务名称叫什么，还要看具体的岗位工作承担了什么职责，行使了什么权力。基于这个逻辑，许多公司的创始 BOSS 其实才是本组织内部的 HR 最高管理者，整个组织的选、育、用、留的最终决策，都是 BOSS 在规划实施。

这也就是我们经常提及的一个概念，老板永远是企业里的 HR 最高管理者。延伸到组织，他就是组织的最高决策者，永远是组织的人力资源最高管理者。

名词解释：

人力资源从业者的三个层级，六类核心技能

高端技能（经营技能）：基于战略规划，运营管理的人力规划技能。

例如，组织顶层设计，商业模式设计，运营模式设计，资本规划，产品规划，人脉规划，资源规划，人力规划等。

中端技能（管理技能）：基于项目推动，团队管理的人力管理技能。

例如，运营落地，项目落地，业务支撑，内部管理，跨部门管理，人力分解等。

基础技能（执行技能）：基于传统专业，自我管理的人力实施技能。

例如，HR 六大模块实施，职业定位，时间管理，高效执行，学习技巧，问题分析与解决，高效自律，有效沟通等。

人力资源从业者的四类研究

体系化的人力资源底层逻辑；

| 后 记 |

匹配底层逻辑的指导方法论（底层方法论）；

匹配底层方法论的操作技巧（SOP）；

承载操作技巧的工具模型。

人力资源从业者的两大层级

HR 学徒：登堂入室前的人力资源从业者。

HR 高手：登堂入室后的人力资源从业者。

学徒级别：无论头衔，实际操作中，仍以执行为主，似懂非懂做人力资源——**技能化**。

这个级别的 HR，对于 HR 处于一知半解的状态，总感觉能抓住一点，却又总是抓不住，内心很容易焦虑，喜欢模仿工具模型，考取证书，疯狂看书，尽量使自己"专业点"。

遗憾的是，从行为和结果来看，目前国内大多数 HR 处于这个阶段；当然，这是客观条件导致的，与中国市场经济发展阶段和人力资源整体的发展有关系，后面会有解析。

不少老一辈的人力资源经理和总监，更多是从人事经理总监直接"硬着陆"变成的。时代变了，但是由于不少老一辈企业家和高管固有的思维没变，导致名不副实的人力经理、总监在许多企业大面积存在。"老"经理和"老"总监们无论是思维上，还是职权上，还停留在传统人事行政上，对于人力资源更多是一知半解。

改变是痛苦的，尤其是思维的改变更痛苦，这一条就拦住了大部分老一辈 HR 经理总监的改变之路。更何况许多"老"人力经理、总监已经 35 岁+了，在现有企业暂时还能"混"的下去，混得还不错，短期看，改变需要承担巨大的痛苦和风险，那就更没有必要去改变了。

这些都是造成国内学徒级别的 HR 比例过大的一些因素。

一段高手到三段高手：站在人力资源做人力资源——**技术化**。

这个段位的 HR 有了一技之长，踏入了专业的门槛，能够逐渐开始协助企业的运营，具备一些环境下的实践成功结果。但是，喜欢把一切都往 HR 上套，易过度"神化"HR 的作用，将 HR 凌驾于所有之上，看不起其他管理者。

市面上大多 HR 讲师在这个阶段。

四段高手到六段高手：跳出人力资源做人力资源——**管理化**。

这个段位的 HR 小有所成，对运营已经很熟练，能够逐渐开始协助公司的经营，具有自己独立的理论知识见解，和丰富的标准化实践成功结果。但是他们会逐渐自满，容易认为自己的认知是"最牛的"，看不起其他 HR，凡事都喜欢上去争个输赢，证明自己是最对的那个，喜欢"求同"，却不喜欢"存异"。

市面上大多 HR 咨询师在这个阶段。

七段高手到九段高手：都是人力资源——**艺术化**。

这个段位的 HR 逐渐大成，无论是运营管理还是市场业务都非常纯熟，甚至可以独立经营公司，而且有了自己完善的标准化知识技能体系，能在不同环境下批量复制成功实践，重新认识到 HR 的无所不能，人类的一切行为都是 HR，也开始重新认识到了 HR 的博大精深，高手如云，自己的体系不过仅仅是众多 HR 高手的一种合理存在的派系。

这个阶段的 HR 如非特殊需要，基本处在"隐身"状态，很少出现在公众视野里。因此你很少看见华为、阿里、腾讯、福耀、万科、富士康、碧桂园、美的、海尔、格力、小米、吉利等顶级企业真正的 HR 一把手们经常活跃在公众视野。活跃在公众视野的基本都是 HR 部门十名以外的，或者事业部，子公司的 VP，甚至总监。

不过，九段高手的光芒太盛，就算自己想隐藏，也会被媒体曝光。

十段高手：一切都是资源——**自然化**。

这个段位的 HR，已经与 HR 彻底融为一体，到处都是 HR，到处又没有 HR，像呼吸一样，一切都是顺其自然！

这个阶段的 HR，树欲静而风不止，就像黑夜中的月亮一样耀眼，难以掩藏光芒。

图书在版编目(CIP)数据

HR 员工培训技能实操全案：中小企业 HR 如何搭建人才培养体系 / 瓮春春，龙鹏著 .—北京：中国法制出版社，2021.6
（百习而见商学院系列 / 瓮春春主编）
ISBN 978-7-5216-1915-7

Ⅰ.①H…　Ⅱ.①瓮…②龙…　Ⅲ.①中小企业－企业管理－人才培养　Ⅳ.① F276.3

中国版本图书馆 CIP 数据核字（2021）第 103362 号

策划编辑：郭会娟

责任编辑：郭会娟　　　　　　　　　　　　　　　　封面设计：汪要军

HR 员工培训技能实操全案：中小企业 HR 如何搭建人才培养体系

HR YUANGONG PEIXUN JINENG SHICAO QUAN'AN: ZHONG-XIAO QIYE HR RUHE DAJIAN RENCAI PEIYANG TIXI

著者 / 瓮春春　龙鹏

经销 / 新华书店

印刷 / 三河市国英印务有限公司

开本 / 710 毫米 × 1000 毫米　16 开　　　　　印张 / 16　字数 / 213 千

版次 / 2021 年 6 月第 1 版　　　　　　　　　2021 年 6 月第 1 次印刷

中国法制出版社出版

书号 ISBN 978-7-5216-1915-7　　　　　　　　　　　定价：56.00 元

北京西单横二条 2 号　邮政编码 100031　　　　传真：010-66031119
网址：http://www.zgfzs.com　　　　　　　　　编辑部电话：010-66038703
市场营销部电话：010-66033393　　　　　　　邮购部电话：010-66033288

（如有印装质量问题，请与本社印务部联系调换。电话：010-66032926）